Inhalt

I. Vorwort

Dieses Bändchen enthält – mit einer Ausnahme – expositorische Texte über den Kriminalroman. Der Begriff ›Kriminalroman‹ wird dabei als Sammelname benützt, der weiter zu differenzieren wäre. Sein Bedeutungsspektrum ist das der umgangssprachlichen Bezeichnung ›Krimi‹. Je nach Lesegewohnheit kann darunter ›Detektivroman (-geschichte)‹, ›Action-krimi‹, ›Thriller‹ oder gar ›Spionageroman‹ verstanden werden. (Das Auftauchen englischer Ausdrücke möge man entschuldigen; manche Vokabeln aus dieser vorwiegend angelsächsischen Sparte sind kaum übersetzbar: wer weiß schon eine deutsche Entsprechung für ›Crime Fiction‹ oder ›Mystery‹?) Diese literarische Gattung, seit 80 Jahren getragen vom Lesehunger ihrer erklärten, heimlichen und zuweilen süchtigen Anhänger – W. H. Auden gesteht, daß er das Lesen wie ein Laster betreibt –, findet gegenwärtig hierzulande, wenn die Zahl der wissenschaftlichen Publikationen ein Gradmesser ist, steigendes theoretisches Interesse. Die kritische Auseinandersetzung, zum Teil auch eine neue Bewertung, gewinnt an Breite.

Der Kriminalroman bietet für ein weit gestreutes Publikum beachtlichen Leseanreiz; seine Schemata wirken in die ›anspruchsvolle‹ moderne Literatur hinein (man denke an Peter Handke oder Dieter Wellershoff); durch Übertragung in das Medium Film und Fernsehen ist er fester Bestandteil der ›Bewußtseinsindustrie‹. (Lockt es nicht, Herbert Reinecker auf die Script-Finger zu sehen oder das Gewicht eines Hollywood-»Cannon« als zu leicht, das Gewand eines »Columbo« als reichlich abgenutzt zu befinden?) Der Studierende braucht für die Auseinandersetzung möglichst nahe am Ursprung gewonnene Begriffe und Kriterien. Die hier vorgelegte Textauswahl setzt bei der Poetik dieser Gattung an, um für weitergehende Fragestellungen eine sichere Grundlage zu schaffen. Die Arbeitstexte sind Äußerungen von Kriminalautoren und Theoretikern zu Einzelaspekten.

4

Die Textanordnung ergibt einen fortschreitenden Gedankengang. Im Inhaltsverzeichnis ist der Schwerpunkt jedes Textes mit einem Stichwort kenntlich gemacht. Der Teil A konzentriert sich auf typische Merkmale und konstituierende Bauelemente, wobei sich auch geschichtliche Wandlungen der Gattung aus den Ansätzen der Autoren ablesen lassen. Im Teil B erscheinen Texte zur Wertung des Kriminalromans im Zusammenhang mit Leserbedürfnissen; exponierte Standpunkte sollen diskussionsauslösend wirken. Den Abschluß bildet ein Text, der den Kriminalroman als Ware mit bestimmten Produktionsbedingungen vorstellt. Eine Verbindung zur Trivialliteraturforschung liegt nahe, doch hat der Herausgeber diesen Theoriebereich – erwähnt seien die Arbeiten von Günther Giesenfeld und Malte Dahrendorf – nicht aufgenommen, weil sich zu wenig Gattungsspezifisches ergibt. Ausgespart ist auch die Frage der Kriminalisierung durch ›Krimis‹, die in der Medienforschung in bezug auf das Fernsehen diskutiert wird.

Der Anhang bringt Vorschläge zur Behandlung der Texte im Unterricht, wobei methodisch freie Wahl bleibt. Die nach Themen geordneten Fragestellungen (III C) zeigen durch Überschneidungen, daß sie aufeinander aufbauen: die Topographie ist Teil der Gesellschaftsdarstellung, die Analyse der Detektivrolle bringt Aufschlüsse über die Leserbedürfnisse. Neben Literaturhinweisen zum Weiterstudium enthält das Bändchen konkrete Lektürevorschläge für Kriminalromane (III B), denn die Theorie soll möglichst schnell auf die eigene Lesewirklichkeit übertragen werden. Wer sich mit dem Kriminalroman auf literarisches Neuland begibt, dem soll außerdem eine Übersicht (III A) helfen, sich unter den bekanntesten Detektiven und deren Autoren zurechtzufinden.

II. Texte

A. Bauelemente

[1]

Den Beginn der Gattung ›Detektivgeschichte‹ – später zum Roman ausgeweitet und Änderungen unterworfen – markiert die 1841 erschienene Erzählung »Die Morde in der Rue Morgue« von Edgar Allan Poe. Ihr Modellcharakter erweist sich nicht zuletzt an ihrem Kriminalfall, der dieser Sammlung von theoretischen Texten vorangestellt sein soll.

Der Ich-Erzähler unterhält sich während eines Spaziergangs durch das nächtliche Paris mit seinem Freund Auguste Dupin über dessen Fähigkeit zur Analyse von Gedankenketten.

Nicht lange nach diesem Gespräch sahen wir eine Abendausgabe der *Gazette des Tribunaux* durch, als die folgenden Artikel unsere Aufmerksamkeit fesselten.

»AUFSEHENERREGENDE MORDE. – Am heutigen Morgen gegen drei Uhr wurden die Bewohner des Quartier St. Roch von einer Folge schrecklicher Schreie aus dem Schlaf gerissen, welche offenbar aus dem vierten Stockwerk eines Hauses in der Rue Morgue herrührten. Von diesem war bekannt, daß es einzig von einer Madame L'Espanaye und ihrer Tochter, Mademoiselle Camille L'Espanaye, bewohnt wurde. Nach einigem Verzug, verursacht vom fruchtlosen Versuch, sich auf die übliche Weise Eingang zu verschaffen, ward das Haustor mit einer Brechstange erbrochen, und acht oder zehn Nachbarn drangen ein, begleitet von zwei *gendarmes*. Um diese Zeit waren die Schreie bereits verstummt; doch als die Gesellschaft die erste Treppenflucht hinaufstürmte, ließen sich zwei oder mehr rauhe, zornig hadernde Stimmen unterscheiden, welche vom obern Teil des Hauses auszugehen schienen. Als der zweite Treppenabsatz erreicht wurde, waren auch diese Laute verstummt, und alles blieb voll-

kommen still. Die Gesellschaft breitete sich aus und hastete von Raum zu Raum. Als man zu einem großen Hinterzimmer im vierten Stockwerk kam (dessen Türe, da es sich verschlossen fand und der Schlüssel innen steckte, mit Gewalt geöffnet wurde), bot sich ein Anblick, bei welchem alle Anwesenden nicht weniger Entsetzen denn Erstaunen überfiel.

Die Wohnung befand sich in der wildesten Unordnung – die Einrichtung war zerbrochen und nach allen Richtungen umhergeschleudert. Nur eine einzige Bettstatt war vorhanden; und von dieser war das Pfühl heruntergerissen und mitten auf den Fußboden geworfen worden. Auf einem Stuhle lag ein Barbiermesser, mit Blut beschmiert. Auf dem Kamin fanden sich zwei oder drei langsträhnige und dicke Büschel grauen Menschenhaars, insgleichen blutbenetzt und anscheinend mit den Wurzeln ausgerissen. Auf dem Boden fand man vier Napoleons[1], einen Ohrring von Topas, drei große Silberlöffel, drei kleinere aus *métal d'Alger* und zwei Geldbörsen, die nahezu viertausend Franken in Gold enthielten. Die Schubladen einer Kommode, welche in einer Ecke stand, waren offen und augenscheinlich beraubt, wenngleich noch mancherlei Gegenstände darin verblieben waren. Unter dem Bett (dem Pfühle, nicht der Bettstatt) entdeckte man eine kleine eiserne Kassette. Sie war offen; der Schlüssel steckte noch. Sie hatte keinerlei Inhalt außer ein paar wenigen alten Briefen und anderen Papieren von geringer Bedeutung.

Von Madame L'Espanaye war hier keine Spur zu sehen; doch da man eine ungewöhnliche Menge Ruß in der Feuerstelle bemerkte, wurde eine Untersuchung des Kamins vorgenommen und (schrecklich zu berichten!) der Leichnam der Tochter herausgezogen, den Kopf zuunterst; in dieser Stellung war er ein beträchtliches Stück die enge Öffnung hinaufgetrieben worden. Der Körper war noch ganz warm. Bei seiner Untersuchung wurden zahlreiche Hautabschürfungen festgestellt, zweifellos verursacht von der Heftigkeit,

1. französische Münzen.

mit welcher er hinaufgestoßen und wieder herausgezogen worden. Auf dem Gesichte fanden sich viele schwere Kratzwunden und auf der Kehle dunkle Quetschungen und tiefe Eindrücke von Fingernägeln, ganz als sei die Verstorbene durch Würgen zu Tode gebracht worden.

Nach einer gründlichen Durchsuchung in allen Teilen des Hauses, die indes keine weitere Entdeckung brachte, begab sich die Gesellschaft in einen kleinen gepflasterten Hof an der Rückfront des Gebäudes, wo der Leichnam der alten Dame lag, mit so vollständig durchschnittener Kehle, daß beim Versuch, sie aufzuheben, der Kopf herabfiel. Der Rumpf wie auch der Kopf waren auf das gräßlichste verstümmelt – der erstere so sehr, daß er kaum noch irgend Menschenähnliches an sich hatte.

Zur Aufklärung dieses entsetzlichen Geheimnisses besteht, so glauben wir, zur Stunde noch nicht der leiseste Anhalt.«

[2]

Das Detektorische als Grundprinzip reizt Ernst Bloch. In einem weit ausholenden Aufsatz geht er den epischen und philosophischen Wandlungen des im Detektivroman erscheinenden Ansatzes nach. Für ihn hängt das Aufkommen der Detektivfigur mit der Ausbreitung des Indizienverfahrens zusammen, – eine im 18. Jahrhundert spürbare Wirkung der Aufklärung. Erst die Beweisaufnahme durch Indizien – für den Rechtsgang wichtiger als das bis dahin allein gültige (und oft erzwungene) Geständnis – fordert die eigentliche Detektivarbeit.

Die wie eine Flut im Gefolge von Arthur Conan Doyle sich ausbreitenden Detektivromane und -erzählungen zeigen – seien sie literarisch auch minderwertig – auf Grund ihrer Form »streckenweise Bedeutungen, die auch an höheren Stellen, in Dichtung und Philosophie vorkommen«.

So nun vorbereitet zur Weise selber, die hier strickt und verstrickt. Zu ihren *Kennzeichen*; sie sind dreifach, hängen eng zusammen, sind des Abgezielten voll. Da ist zuerst die Spannung des *Ratens*; sie weist, als ohnehin detektivisch, zum zweiten auf das *Entlarvende, Aufdeckende* hin, mit dem besonderen Akzent des Abseitigen, woraus oft das Wichtigste zu erfahren ist; und das Aufdeckende geht zum dritten auf Vorgänge, die aus ihrem *Unerzählten, Vor-Geschichtehaften* erst herauszubringen sind. Dies dritte Kennzeichen ist das charakteristischste der Detektivgeschichte und macht sie, sogar weit vom Detektiv, unverwechselbar. Vor ihrem ersten Wort, vor dem ersten Kapitel geschah etwas, niemand weiß es, scheinbar auch der Erzähler nicht. Ein dunkler Punkt ist also noch unerkannter da, von dem her und zu dem hin sich die ganze Wagenladung der folgenden Ereignisse in Bewegung setzt, eine Untat, meist eine mörderische, steht vor Anfang. In allen anderen Erzählformen entwickeln sich die Taten wie Untaten vor einem durchaus anwesenden Leser, hier dagegen ist er bei einer Untat, einer den Tag scheuenden, obzwar besonders fertig ins Haus gelieferten, nicht dabei gewesen, sie liegt im Rükken der Geschichte, muß ans Licht gebracht werden, und dies Herausbringende ist selber und allein das Thema. Das dunkel Geschehene wird auch in keiner Vorhandlung dargestellt, eben weil es überhaupt noch nicht darstellbar ist, außer durch Ausgrabung, durch Indizien, welche rekonstruieren lassen.

Mit welcher gedanklichen Breite Bloch *die dem Detektivroman eigenen Kennzeichen ausführt, kann hier nur angedeutet werden. Der Abschnitt über das Entlarvende, Aufdeckende etwa führt zur »Zugluft« in den Dramen Ibsens, zur Psychoanalyse – als Aufdeckung subjektiv-falschen Bewußtseins – und zur ökonomischen Geschichtsauffassung – als Aufdeckung objektiv-falschen Bewußtseins in der Gesellschaft, »die ihren Unterbau nicht kennt, ja deren unaufgeklärte Teile sich mit großen Worten [...] illusionieren lassen«. Der Abschnitt über das Unerzählte – dessen Beginn hier*

*folgt – führt zu Weltanfangsmythen, zur Urdunkel-Lehre,
zu »Ödipus-Metaphysiken«. Weltgeschichte erscheint als »in
Untat hineinleuchtendes Licht«.*

Eigen schließlich ist zum *dritten* jenes *entscheidendste* Krite-
rium, das den Detektivroman von allen anderen Erzählformen trennt, so eben sein *Unerzähltes* und dessen *Rekonstruktion* ganz sonderlich interessant macht. Hat er doch die
Untat als bereits geschehene noch draußen, vorher, er fällt
mit der Leiche ins Haus. Er entwickelt seinen Anlaß nicht
während der Erzählung und mit ihr, sondern einziges
Thema ist das Herausfinden eines bereits Geschehenen ante
rem[2]. Überall sonst ist die Erzählung genetisch dabeigewesen,
rauben die Alberiche[3] das Gold vor unseren Augen, Raskolnikow[4] erschlägt die Pfandleiherin genau so episch-sicht-
bar, wie er weiteres verdeckt. Geschehen dagegen im Laufe
der Detektivgeschichte selbst neue Morde, so sind auch sie
noch ein schwarzer Fleck, mit dem Dunkel vor Anfang
zusammenhängend, es vermehrend, oft gar die Lösung er-
schwerend. Hauptsache bleibt dabei stets: das Alpha, bei
dem keine der nacheinander auftretenden Figuren einge-
standen dabei war, und der Leser am wenigsten, es geschieht
– wie der Sündenfall, gar Engelssturz (um allzu mythisches
Couleur nicht zu scheuen) – exul[5] der Geschichte. So etwas
ist auch jenen Erzählformen fremd, die aufholen, zurück-
blenden, um bisher nicht Mitgeteiltes, doch in sich keineswegs Verstecktes, bei rechter Gelegenheit zu interpolieren[6].
Auf informierende Art, wie Isolde über einige Vorgeschichte
bei Tristan erzählt[7] oder, mit größtem Beispiel, wie Odys-

2. lat., vorher, vor der Sache, vor der Tat.
3. Alberichs Raub des Rheingolds löst die weitere Handlung in Richard
Wagners »Ring des Nibelungen« aus.
4. Hauptfigur in F. M. Dostojewskis Verbrechensroman »Schuld und
Sühne« (1867).
5. lat., verstoßen aus, außerhalb.
6. einschieben.
7. Die keltische Sage wurde in der mittelalterlichen Epik, ausgehend
von Frankreich, mehrfach aufgegriffen. Zur Vorgeschichte – in Richard

seus, gleichsam Ergänzer Homers, beim Mahl im Palast des Alkinoos[8]. Und dennoch: was dem Detektivischen zukam, zunächst an ›Zugluft‹ weit mächtigerer Ordnung, das kommt auch dem ›Ante rem‹ zugute – aus seiner Pseudomorphose[9] im Detektivroman weit heraus. Wonach also im Dunkel des Anfangs, dies Hauptkennzeichen des Detektivromans, in einigen *früheren großen Literaturwerken* besonders mächtig korrespondiert. Es fehlt ihrem Aufdecken erklärterweise wegen des nicht vorhandenen oder nicht zur Diskussion stehenden Indizienverfahrens, alles namentlich Detektivhafte oder es bleibt sporadisch, wieder dagegen fehlt nicht im mindesten das Detektorische, das ausgrabend Rekonstruktive. Kolportage[10], wurde gesagt, hält verlorengegangene oder nicht mehr offiziell signierte Bedeutungen frisch; das gilt besonders auch für Poes Genre, in *Klassisches* hineingebaut, sich gegenseitig Luft und neue Schlüssel gebend. Streift Brechts *Lied der Seeräuberjenny*, wenn man gut zuhört, sehr entlegen gewordene, ja manichäische[11] Gegenden, so die Poesche Detektivform immer wieder die des – Ödipus[12], der verwandten. Und zwar gerade in Ansehung des X vor Beginn, vor der Tür, die sich aus dunklem

Wagners Oper von Isolde erzählt – gehört, daß Tristan im Dienst des Königs Marke von Cornwall den irischen König Morolt erschlägt. Er selbst ist von vergiftetem Schwert verwundet und kann nur von der kräuterkundigen Isolde, der Nichte Morolts, in Irland geheilt werden. Sie erkennt während der Krankenpflege an einer Scharte in seinem Schwert, wer er eigentlich ist: der fehlende Splitter steckte in Morolts Schädel.

8. Wesentliche Teile der Irrfahrten des Odysseus werden in einer Rückblende als Ich-Erzählung des Helden geboten (Gesang 9 bis 12).

9. falsche, unechte Gestalt.

10. früher von Hausierern vertriebene Schundliteratur, Hintertreppenromane, sensationelle Klatschgeschichten.

11. der von Mani (215–277) in Persien und Indien gepredigten Lehre entsprechend, die den Kampf zwischen Finsternis und Licht mit kosmischen Mythen beschreibt. Der Manichäismus wurde zu einer einflußreichen religiös-philosophischen Bewegung, die christliche und buddhistische Elemente aufgenommen hat.

12. griechische Sage vom König Thebens; erste dramatische Ausformung des Stoffes von Sophokles (496–406).

Vor-Fall, ungekannter Vor-Geschichte in die Erzählung öffnet.

Dabei muß es nicht immer die Leiche sein, die ins Haus fällt. Auch anderes genügt, große Dichtung ist nicht auf Ganoven und Gangster angewiesen. An deren höchstes Gegenteil, an *Ödipus* darf nun endlich erinnert werden, an den unwissenden Mörder seines Vaters, unwissenden Mann seiner Mutter. An die Pest als verhängte Folge in Theben, an die Deutung der vorher geschehenen Untat durch das Delphische Orakel. An das dergestalt dringend werdende, andringend Detektorische bei Ödipus, seinem Volke zuliebe, ja, mit vertracktester Ablenkung, damit er selber, Ödipus, vor dem Mörder sicher sei. So lange treibt der Jäger, der die Beute ist und vor sich selber versagt, dies ungeheuerliche Gewerbe, bis der Spätdurchschauende für den Täter von Freveln büßt, an denen er weder mit seinem Charakter noch seinem Bewußtsein, doch mit höchst antiker, höchst moderner Personalunion beteiligt ist. Vielartig verkleidet wirkte der Ödipusstoff weiter, dieser *Urstoff des Detektorischen schlechthin*, immer kriminalistisch, wohlverstanden, und mit dem verdeckten Vorher.

[3]

Die Baumöglichkeiten kriminalistischer Erzählung werden von Edgar Marsch *in eine schematische Übersicht gebracht. Grundlegend ist, daß eine analytische Schreibweise vorliegt: Entscheidungen sind schon gefallen, bedürfen aber der Analyse. Indem Marsch zwei von Ernst Bloch formulierte Kennzeichen von Detektivgeschichten übernimmt (vgl. [2]), setzt er drei konstituierende Elemente an:*

(1) die Vorgeschichte (VG)
(2) der Fall (F)
(3) die Detektion (D)

Geht man davon aus, daß es sich im Idealfall einer Erzählung jeweils einpolig nur um *einen* Fall, *eine* diesem entsprechende Vorgeschichte und *einen* Lösungsprozeß handelt, so lassen sich vier mögliche Bauformen konstruieren. Das folgende Schema läßt temporale, quantitative und räumliche Gesichtspunkte außer acht. Es geht von der Voraussetzung einfacher Mengen aus und läßt zunächst einmal die Tatsache außer Betracht, daß im Normalfall einer kriminalistischen Erzählung die drei genannten Elemente vielfältig und kompliziert miteinander verschachtelt und verzweigt sowie in ihrer erzählerisch geordneten Folge nicht eindeutig bestimmbar sind. E. Bloch geht vom Gesichtspunkt des »Unerzählten« aus, welches sowohl für den Leser wie für die Detektion wichtig ist. Entsprechend gibt es einen ›Erzähleinsatz‹: EE. Er liegt dort, wo das Erzählen beginnt, genauer: dort wo der sprachliche Einsatz des Erzählten innerhalb der genannten drei Elemente liegt. Die Reihenfolge der Elemente ist gegeben. Das Schema zeigt unter diesen Voraussetzungen folgende Möglichkeiten der Anordnung:

Schematisierung der Elemente

		EE			
Unerzähltes				*Erzähltes*	
Rekonstruktion	←		→	Erzählsukzeß	
			VG	F	D
		VG	F	D	
	VG	F	D		
VG	F	D	Ich-Erzählung Rahmenerzählung (Rückblende)		

13

[4]

Wystan Hugh Audens *Definition setzt bei der englischen Umgangssprache an, die aus dem Fragesatz »Who has done it?« ein einfaches Wort zurechtgeschliffen hat. In seinem Schema dagegen greift er literarisch weit zurück. Im ältesten Lehrbuch der Dichtkunst, nämlich in der Poetik des Aristoteles (384–322), gehören die Begriffe ›Katharsis‹ (das Erwecken von Mitleid und Furcht und die Reinigung – oder Befreiung – von solchen Affekten), ›Peripetie‹ (Umschlag der Handlung in ihr Gegenteil) und ›Anagnorisis‹ (Entdeckung, Umschlag von Unwissenheit in Erkenntnis) zur Beschreibung der Tragödie.*

Die übliche Definition des Detektivromans als eines ›Whodunit‹ – eines ›Wer hat's getan‹ – trifft die Sache genau. Das Grundrezept ist dieses: ein Mord hat sich ereignet; viele werden verdächtigt; alle Verdächtigen bis auf einen, den Mörder, werden eliminiert; der Mörder wird gefaßt oder kommt um.

Ausgeschlossen von dieser Definition sind neben Schauerromanen oder Meistergaunergeschichten auch Kriminalromane, in denen die Schuld des Mörders schon »vor der Tat« – wie bei Francis Iles – dem Leser bekannt ist.

Das Reizvolle an der Analyse des Mörders ist die Beobachtung der Leiden des Schuldigen durch die unschuldige Menge. Das Reizvolle an der Detektivgeschichte ist die Dialektik von Unschuld und Schuld.

Wie in der aristotelischen Theorie gibt es hier Unwissenheit (der Unschuldige erscheint schuldig und der Schuldige unschuldig) und Entdeckung (die wahre Schuld wird ans Licht gebracht). Es gibt auch die Peripetie, in diesem Fall nicht ein Umschlag des Schicksals, sondern der doppelte Umschlag von scheinbarer Schuld in Unschuld und von scheinbarer Unschuld in Schuld. Das Rezept läßt sich schematisch folgendermaßen wiedergeben:

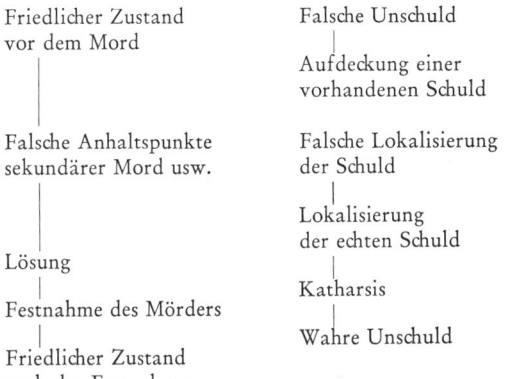

Friedlicher Zustand
vor dem Mord

Falsche Anhaltspunkte
sekundärer Mord usw.

Lösung

Festnahme des Mörders

Friedlicher Zustand
nach der Festnahme

Falsche Unschuld

Aufdeckung einer
vorhandenen Schuld

Falsche Lokalisierung
der Schuld

Lokalisierung
der echten Schuld

Katharsis

Wahre Unschuld

[5]

Fritz Wölcken *führt unter vielen anderen zwei Formeln an,
die beim »literarischen Mord« fast immer wiederkehren:
Beschränkung der Zahl der Verdächtigen und Beschränkung
des Tatorts. Bewährt hat sich, daß der Personenkreis der
Verdächtigen klein gehalten wird (nicht mehr als acht bis
zehn Figuren), damit alle Beteiligten auf Beweggründe und
Alibi sorgfältig geprüft werden können.*

Mit dieser Frage des Personenkreises verbunden ist das
Problem des ›geschlossenen Raumes‹ (the locked room), das
schon bei Poe als wesentliches Konstruktionsmerkmal seiner
ersten Detektiverzählung auftaucht. John Dickson Carr hat
1935 in seinem Detektivroman *Der hohle Mann* durch seinen Detektiv Dr. Gideon Fell in einem ausführlichen Vortrag eine Reihe von möglichen Lösungen dieser Aufgabe
vorgeführt. Das Problem entsteht dadurch, daß der Ermordete in einem anscheinend verschlossenen Raum gefunden
wird: die Antwort, wie diese scheinbare Isolierung erreicht

15

wurde, weist dann in den meisten Fällen auch eindeutig auf den Täter hin. Carr läßt seinen Dr. Fell folgende Möglichkeiten analysierend aufführen:

1. Der Mord ist in Wirklichkeit ein Zufall und der Raum tatsächlich unzugänglich verschlossen.
2. Der Ermordete hat unter Zwang Selbstmord in dem tatsächlich abgeschlossenen Raum begangen.
3. Der Mord wurde durch ein Mittel begangen, das vor dem Abschließen bereits in den Raum verbracht war.
4. Echter Selbstmord, der den Eindruck von Mord erweckt – dies ist eine Variation von Fall 1 und 2.
5. Der Mord war begangen, ehe der Raum verschlossen wurde – der Eindruck, daß der Ermordete noch in dem verschlossenen Raum gelebt hat, wurde durch technische Mittel, z. B. Grammophon usw. erweckt.
6. Der Mord wurde von außen begangen, aber die Möglichkeit dazu (z. B. Schießen einer sonst in der Hand verwandten Stichwaffe, Schleudern von Gift usw.) wurde übersehen.

Aber Dr. Fell ist keineswegs vollständig, seine technischen Variationen ließen sich noch grenzenlos fortsetzen, z. B.

7. Der Mord wurde erst nach dem Eindringen der Polizei oder der Suchenden in das Zimmer begangen.

Dieser Einfall liegt Chestertons Erzählung *Die unrechte Form* zugrunde.

Jeder einzelne der sechs aufgeführten Fälle könnte noch in sich untergeteilt werden.

[6]

Walter Benjamin:
Hochherrschaftlich möblierte Zehnzimmerwohnung

Vom Möbelstil der zweiten Hälfte des neunzehnten Jahrhunderts gibt die einzig zulängliche Darstellung und Analysis zugleich eine gewisse Art von Kriminalromanen, in deren dynamischem Zentrum der Schrecken der Wohnung steht.

Die Anordnung der Möbel ist zugleich der Lageplan der tödlichen Fallen, und die Zimmerflucht schreibt dem Opfer die Fluchtbahn vor. Daß gerade diese Art des Kriminalromans mit Poe beginnt – zu einer Zeit also, als solche Behausungen noch kaum existierten –, besagt nichts dagegen. Denn ohne Ausnahme kombinieren die großen Dichter in einer Welt, die nach ihnen kommt, wie die Pariser Straßen von Baudelaires Gedichten erst nach neunzehnhundert und auch die Menschen Dostojewskis nicht früher da waren. Das bürgerliche Interieur der sechziger bis neunziger Jahre mit seinen riesigen, von Schnitzereien überquollenen Büfetts, den sonnenlosen Ecken, wo die Palme steht, dem Erker, den die Balustrade verschanzt, und den langen Korridoren mit der singenden Gasflamme wird adäquat allein der Leiche zur Behausung. »Auf diesem Sofa kann die Tante nur ermordet werden.« Die seelenlose Üppigkeit des Mobiliars wird wahrhafter Komfort erst vor dem Leichnam. Viel interessanter als der landschaftliche Orient in den Kriminalromanen ist jener üppige Orient in ihren Interieurs: der Perserteppich und die Ottomane[13], die Ampel und der edle kaukasische Dolch. Hinter den schweren gerafften Kelims[14] feiert der Hausherr seine Orgien mit den Wertpapieren, kann sich als morgenländischer Kaufherr, als fauler Pascha im Khanat[15] des faulen Zaubers fühlen, bis jener Dolch im silbernen Gehänge überm Divan eines schönen Nachmittags seiner Siesta und ihm selber ein Ende macht. Dieser Charakter der bürgerlichen Wohnung, die nach dem namenlosen Mörder zittert, wie eine geile Greisin nach dem Galan, ist von einigen Autoren durchdrungen worden, die als ›Kriminalschriftsteller‹ – vielleicht auch, weil in ihren Schriften sich ein Stück des bürgerlichen Pandämoniums[16] ausprägt – um ihre gerechten Ehren gekommen sind.

13. einem Sofa ähnliche Sitzbank.
14. Wandbehang oder Teppich mit doppelseitigem Muster.
15. Herrschaftsgebiet (Khan = türk. oder pers. Herrschertitel).
16. Versammlung oder Versammlungsort aller bösen Geister.

[7]

Wenn Helmut Heißenbüttel *die Rolle der Topographie untersucht, geht er von Walter Benjamins Interieurbeschreibung [6] aus.*

Das Besondere der Benjaminschen Analyse hat sich gewandelt, das Allgemeine, die topographische Verflechtung, erweist sich bis heute als eins der hervorragenden Charakteristika der Gattung. Dabei muß allerdings beachtet werden, daß es sich nicht um Schilderung von Orten und Gegenden im Sinne der seriösen Literatur handelt. Interieur und Landschaft werden nicht um ihrer selbst willen sprachlich verwandelt, erscheinen nicht in der Sprache als sie selbst. Wenn ich bei Hammett unverwechselbar etwas über die Topographie von San Francisco erfahre, bei Chandler über die von Abbruchvierteln und Luxusstraßen in Los Angeles, bei Gardner etwas über Landsitze und Motels in Kalifornien, bei F. R. Lockridge und Margaret Scherf über bestimmte, ausgeschnittene Stadtteile von New York, bei Margot Neville über Sydney, bei Arthur W. Upfield über australische Kleinstädte und Farmhöfe, immer ist dieses Vertrautwerden mit Schauplätzen ein Vertrautwerden mit Tatorten. Ich erfahre, nicht in sprachlicher Verwandlung, sondern in der Summierung von Fakten zur Physiognomie des Tatortes, etwas über die Örtlichkeit. Die Rekonstruktion der Spur des Unerzählten[17] geschieht mit Hilfe der topographischen Durchdringung. Der Schauplatz, der sich als Tatort identifiziert, erscheint nicht als Landschaft im malerischen oder romantischen Sinne. Er erscheint als typologisch geprägter Lebensraum. Das Modell, das der Kriminalroman aufbaut, erscheint zuerst als Örtlichkeit, die die Spur der typischen menschlichen Aktivität bewahrt hat; die Örtlichkeit erscheint als etwas, was aus den Spuren dieser Aktivität besteht. Umgekehrt hat die Örtlichkeit unmittelbarer Menschliches (Spuren von Psychologie, Emotionen,

17. Weiterführung von Blochs Ausdruck »Rekonstruktion des Unerzählten«, vgl. [2], S. 10.

›Glück und Leid‹, Gemeinschaftlichkeit usw.) in sich bewahrt als die Spielfiguren des Exempelfalles selber. Das Menschliche erscheint in den Schauplatz versachlicht. Was etwa Robbe-Grillet[18] theoretisch verficht, hat der Kriminalroman lange vor ihm auf eigene Weise realisiert.

Benjamin spricht davon, daß es sich um »die einzig zulängliche Darstellung und Analysis zugleich« handle. Darin deutet sich an, daß die Rekonstruktion des Tatorts im Namen eines der Beteiligten geschieht (nämlich dessen, der die Analyse durchführt), und das ist der Detektiv. Er rekonstruiert. Er kann dies kraft seiner Sonderstellung, in der er mit der Leiche allein ist. Er rekonstruiert, weil er, wenn man näher zusieht, mit Eigenschaften begabt ist, die ihn als außermenschliches Wesen kennzeichnen. Er ist unsterblich und mit höherem Wissen, mit Omnipotenz[19] begabt. Beide Eigenschaften dürfen nicht als etwas Zufälliges, als übersteigerter Subjektivismus oder als geheime Selbstglorifizierung des Autors interpretiert, sie müssen wörtlich genommen werden. Der Detektiv weiß von Anfang an, wohin ihn sein Weg führen wird. Die Schwierigkeiten, die er hat, betreffen den Weg, den er gehen muß. Für ihn gilt der Satz von Kafka: »Es gibt ein Ziel, aber keinen Weg; was wir Weg nennen, ist Zögern.« Wenn er am Schluß mit seiner anfänglichen Unwissenheit renommiert, so ist das nur eine augenzwinkernd ironisch vorgebundene Maske.

In Hammetts *Dünnem Mann*[20] heißt es gegen Ende: »›Du meinst, du hast das von Anfang an gedacht?‹ fragte Nora, indem sie mich mit strengen Augen fixierte. – ›Nein, Liebling. Allerdings – eigentlich müßte ich mich schämen, daß ich das nicht gleich gesehen habe . . .‹«

---

18. Alain Robbe-Grillet (geb. 1922) ist der Hauptvertreter des französischen ›nouveau roman‹. Es geht ihm um die gänzliche Ausschaltung des Erzählers und der Erzählperspektive, so daß gleichsam die Dinge sich selber darstellen, wie sie *sind*.

19. Allmacht; das Vermögen, alles zu tun.

20. Dashiell Hammett: Der Dünne Mann (The thin Man, 1934), Ullstein Buch Nr. 755.

Die Einleitung von Edgar Allan Poes *Geschichte »Die Morde in der Rue Morgue« (vgl. [1]) enthält eine theoretische Grundlegung der Detektivfigur. – Der Text wird hier in der sehr sorgfältigen Übersetzung von Hans Wollschläger geboten.*

Die Geisteszüge, welche landläufig für analytische gelten, sind, an und für sich, der Analyse selbst nur wenig zugänglich. Wir schätzen sie einzig nach ihren Wirkungen. Unter anderem wissen wir von ihnen, daß sie ihrem Besitzer, wofern sie ihm nur ungewöhnlich eignen, eine stete Quelle des lebhaftesten Vergnügens bilden. Wie sich der starke Mensch begeistert seiner körperlichen Fähigkeiten freut, indem er an allen solchen Übungen Gefallen hat, die seine Muskeln zum Einsatz bringen, so entzückt den Analytiker jene geistige Wirkungskraft, welche *entwirrt*. Er zieht Genuß aus noch den banalsten Verrichtungen, bringen sie nur seine Gaben recht ins Spiel. Er findet Gefallen an Denkaufgaben, an Rätseln, an Hieroglyphen, und bei ihrer aller Lösung legt er einen Grad von *Scharfsinn* an den Tag, welcher dem gemeinen Begreifen außernatürlich erscheint. Seine Ergebnisse, erbracht wohl ganz im Wesen und Geiste der Methode, haben in Wahrheit durchaus den Hauch von Intuition an sich. Beträchtlich gestärkt wird die Fähigkeit des Wieder-Auflösens möglicherweise von mathematischen Studien und vorzüglich von deren bedeutendstem Zweige, welcher zu Unrecht und lediglich im Betracht seiner rückschlüssigen Verfahrensweise als Analyse – und zwar ganz wie *par excellence* – bezeichnet wird. Doch rechnerisch bestimmen heißt nicht eigentlich analysieren. Ein Schachspieler zum Beispiel tut das eine ohne jedes Bemühen um das andere. Daraus folgt, daß in seinem Effekt auf den geistigen Charakter das Schachspiel höchlichst mißverstanden wird. Nun schreibe ich hier keine Abhandlung, sondern schlicht das Vorwort zu einer einigermaßen absonderlichen Erzählung, indem ich durchaus zufällige Beobachtungen mitteile; ich will daher einmal Gelegenheit nehmen zu verfechten, daß die höhern Kräfte des denkerischen Intellekts weit entschiedner und fruchtbarer vom bescheidenen Damenspiel in Anspruch genommen werden als von all der bemühten Nichtigkeit des Schachs. Bei diesem letzteren, worin die Figuren verschiedene und durchaus *bizarre* Bewegungen haben, mit verschiedenen und veränderlichen Werten, wird fälschlich (ein nicht ungewöhnlicher Irrtum) für tiefgründig verstanden, was nur verwickelt ist. Mächtig wird hier die *Aufmerksamkeit* ins Spiel gerufen. Wenn sie nur einen Augenblick erschlafft, ist schon ein Versehen begangen, das Nachteil oder Niederlage bringt. Da die möglichen Züge nicht nur mannigfaltig sind, sondern vielfach voneinander bedingt, vervielfältigen sich die Folgen solcher Versehen; und in neun von zehn Fällen ist es eher der angespannter aufmerksame denn der scharfsinnigere Spieler, welcher gewinnt. Beim Damenspiel hingegen, wo die Züge *gleichförmig* sind und nur geringe Abweichung haben, sind auch die möglichen Folgen von Unachtsamkeit geringer, und da die bloße Aufmerksamkeit vergleichsweise unbeschäftigt bleibt, gehen alle Vorteile, die von den Parteien errungen werden, einzig auf höhern *Scharfsinn* zurück. Um weniger abstrakt zu sein: Stellen wir uns ein Damenspiel vor, in welchem die Steine auf vier Damen reduziert sind und ein Übersehen natürlich nicht zu erwarten steht. Es ist auf der Hand, daß hier ein Sieg (wofern die Spieler einander durchaus gleichwertig sind) nur von einem kunstreichen Zug entschieden werden kann, dem Ergebnis starker Anstrengung des Intellekts. Gewöhnlicher Hilfsquellen beraubt, versetzt sich der Analytiker in den Geist seines Gegners, identifiziert sich mit ihm und wird so nicht selten, gar auf einen Blick, der einzigen Methode gewahr (zuweilen einer wahrhaft absurd einfachen), mit welcher er irreführen oder zu Fehleinschätzungen verleiten kann.

Whist[21] war lange für seinen Einfluß auf das bekannt, was

---

21. englisches Kartenspiel für 4 Personen mit 52 Karten, das weltweite

Berechnungsvermögen heißt; und Menschen vom Intellekte höchster Ordnung haben bekanntermaßen ein scheinbar unerklärliches Vergnügen daran gefunden, indes sie Schach als nichtig mieden. Ohne jeden Zweifel gibt es nichts von ähnlicher Natur, was in so hohem Maß die Fähigkeit zu analysieren erfordert. Der beste Schachspieler der Christenheit mag grad ein wenig mehr noch sein als eben der beste Meister des Bretts; doch Fertigkeit im Whist schließt Befähigung zum Erfolg in all den wichtigeren Unternehmungen ein, worinnen Geist gegen Geist im Kampfe liegt. Wenn ich »Fertigkeit« sage, so meine ich jene Vollendung im Spiel, welche ein Begreifen *aller* Hilfsquellen umfaßt, von denen ehrlicher Vorteil sich ziehen läßt. Diese sind nicht nur mannigfach, sondern vielgestaltig und liegen häufig in jenen Unterschichten des Denkens, welche dem gemeinen Verständnis allesamt unzugänglich sind. Angespannt beobachten heißt sich klar erinnern; und insofern wird der konzentrierte Schachspieler auch beim Whist sehr gut abschneiden; indem ja die Hoyleschen Regeln[22] (welche sich auf den bloßen Mechanismus des Spiels begründen) ausreichend und allgemein verständlich sind. Ein getreues Gedächtnis zu haben und ›nach dem Buche‹ zu verfahren, sind somit Punkte, die gemeinhin als die Summe guten Spielens gelten. Aber Bereiche jenseits der Grenzen bloßer Regel sind es, in welchen das Geschick des Analytikers sich erweist. In aller Stille sammelt dieser eine Fülle von Beobachtungen und zieht seine Schlüsse daraus. Insgleichen verfahren vielleicht auch seine Mitspieler; doch ist ein Unterschied in der Wirkungs- und Reichweite der gewonnenen Erfahrungen, und zwar liegt dieser nicht so sehr in der Stichhaltigkeit der Schlüsse selbst als vielmehr in Wert und Weise der Beobachtung. Not tut zu wissen, *was* zu beobachten ist. Unser Spieler beschränkt sich nicht im mindesten; noch weist er

Verbreitung fand. Die Spieler bilden 2 Parteien. – Heute meist vom Bridge abgelöst.
22. eine populäre Spielanweisung für Whist, die Edmund Hoyle in England 1742 veröffentlichte.

etwa, weil das Spiel sein eigentliches Objekt wäre, Deduktionen von Dingen von sich, die außerhalb des Spieles selber liegen. Er prüft die Miene seines Partners und vergleicht sie sorgsam mit der jedes seiner Gegner. Er merkt sich die Anordnung der Karten in der Hand; oft liest er Trumpf um Trumpf, Honneur um Honneur[23] den Blicken ab, die von den Spielern darauf gewendet werden. Er nimmt jede Veränderung des Gesichtsausdrucks im Verlauf des Spiels zur Kenntnis und gewinnt eine Fülle von Aufschlüssen aus den Unterschieden im Ausdruck von Sicherheit, von Überraschung, Triumph oder Verdruß. Aus der Weise, wie ein Spieler einen Trick zusammenbringt, urteilt er, ob der Betreffende in der Folge noch ein weiteres machen kann. An der Miene, mit der eine Karte auf den Tisch gespielt wird, erkennt er, wann es sich um eine Finte handelt. Ein zufälliges oder unachtsames Wort; das versehentliche Fallenlassen oder Umwenden einer Karte, die damit einhergehende Unruhe oder auch Sorglosigkeit im Versuch, sie zu verbergen; das Markieren der Tricks und ihre Anordnung; Verwirrung, Zögern, Eifer oder Bestürzung – das alles liefert seiner scheinbar intuitiven Wahrnehmung Anzeichen für den wirklichen Stand der Dinge. Sind gar dann die ersten zwei oder drei Runden ausgespielt, so kennt er voll den Inhalt jeder Hand, und von da an spielt er seine Karten so unfehlbar zielsicher aus, als hätten ihm die übrigen Mitspieler offen ihr Blatt gezeigt.

Die analytische Kraft sollte nicht einfach mit findigem Verstand verwechselt werden; denn indessen der Analytiker notwendigerweise über solchen Verstand verfügt, ist wiederum der verstandesbegabte Mensch oftmals bemerkenswert unfähig zu analysieren. Die konstruktive oder kombinative Kraft, in der Verstandesschärfe sich gemeinhin offenbart und der die Phrenologen[24] (irrtümlich, wie mich dünkt)

<hr>

23. die bei der Punktezählung berücksichtigten 5 höchsten Trumpfkarten heißen Honneurs.
24. Forscher, die den Zusammenhang zwischen geistigen Eigenschaften und Schädelbau studieren.

gar ein gesondertes Organ zugeschrieben haben, in der Meinung, es handle sich dabei um eine Art Urfähigkeit, ist so häufig eben bei solchen Individuen festgestellt worden, deren Intellekt andererseits an Idiotie grenzte, daß dies in der Fachliteratur allgemeine Aufmerksamkeit gefunden hat. Zwischen Verstandesbegabung und analytischer Fähigkeit besteht ein Unterschied, weit größer in der Tat als der zwischen bloßer Phantasie und der eigentlichen Imaginationskraft; zugleich aber liegt eine strikte Entsprechung dabei vor. Man wird tatsächlich finden, daß der Verstandesmensch wohl immer auch Phantasie hat, der *wahrhaft* imaginativ Begabte aber in jedem Fall über analytische Fähigkeit verfügt.

Die folgende Erzählung wird dem Leser in etwa als Kommentar zu den hier vorgetragenen Behauptungen erscheinen.

Während meines Aufenthalts in Paris, welcher sich über den Frühling und einen Teil des Sommers 18-- erstreckte, machte ich die Bekanntschaft eines Monsieur C. Auguste Dupin.

[9]

Auguste Dupin, zunächst seiner Zeit um fast 50 Jahre voraus, findet viele Nachfolger. Deutlich gibt er analytische Fähigkeiten, gesellschaftliche Isolation und exzentrische Charakterzüge an Sherlock Holmes weiter.

Daß sowohl Dupin als auch Holmes ein sehr distanziertes Verhältnis zum Verbrechen haben, fällt Klaus Günther Just *auf. Wenn der Leser sich eine Vorstellung vom Verbrechen bilden will, orientiert er sich am Detektiv. Doch zwischen Leser und distanziertem Detektiv schiebt sich zuweilen erst noch der vermittelnde Chronist, der Ich-Erzähler. Diese dem Detektiv beigeordnete Figur schafft dem Leser schließlich Zugang zum Verbrechen, man möchte sagen ›weit vom Schuß‹.*

Darüber hinaus aber dient sie dazu, die zentrale Figur, den Detektiv, ins richtige Licht zu setzen, sie ›plastisch‹ zu machen. Das ist auf dreifache Weise möglich: entweder kann der Freund ganz für sich seine Betrachtungen über den Charakter und die Aktivität des Detektivs anstellen, oder der Detektiv kann seinen Freund als eine Art Folie benutzen, gewissermaßen als das begierig geöffnete Ohr, in das er seine einsamen und eigenwilligen Denk-Monologe hineinspricht, oder schließlich kann sich zwischen dem Detektiv und seinem Freund ein Gespräch entspinnen, das in mannigfachem Für und Wider nicht nur das in Frage stehende Problem klärt, sondern zugleich den Charakter dessen enthüllt, der sich am Ariadnefaden[25] der Deduktion den Weg durchs Labyrinth bahnt. Im ersten Fall wird der Leser durch das angenehme Gefühl gehoben, selber derjenige zu sein, der über seinen Helden – natürlich immer im Rahmen aufrichtiger Bewunderung – urteilen darf. Im zweiten Fall wird er zum stumm-ehrfürchtigen Zeugen eines großen Geistes in Aktion. Im dritten Fall wird er unmittelbar in einen dialogischen Prozeß hineingerissen, und wenn er sich auch zunächst nur bescheiden in die Rolle des (vergleichsweise beschränkten) Freundes hineinzudenken wagt, so wird er doch im Verlauf des Gesprächs nicht scheuen, sich versuchsweise auch einmal mit dem (allwissenden) Detektiv zu identifizieren. Der Freund ist bei Poe namenlos und ohne Kontur, bei Doyle dagegen ist er eine festumrissene Gestalt: der Arzt Dr. Watson. Er ist der solide, nüchterne Durchschnittsmensch, oder genauer: Durchschnittsengländer, voller Sympathien für seinen Partner, wenn auch keineswegs ohne ein Auge für seine kleinen und großen Schwächen.

Die Fortführung des Gespanns Detektiv–Begleiter läßt sich aus der Orientierung in den Arbeitsvorschlägen (III A) ersehen.

25. Der griechische Sagenheld Theseus erhielt, bevor er in das Labyrinth des Königs Minos von Kreta eindrang, um den Minotaurus zu töten, von der Königstochter Ariadne ein Wollknäuel. Beim Rückweg konnte er sich nicht verirren, weil er dem abgerollten Faden folgte.

Ähnlich wie W. H. Auden (vgl. [4]) bezieht sich Dorothy Leigh Sayers *in einem Vortrag (Oxford, 1935) auf die Poetik des Aristoteles. Sie feiert den Kriminalroman als Verwirklichung der dort aufgestellten Regeln. Mit Witz und Ironie werden Gesichtspunkte wie ›Katharsis‹, ›Anlage der Handlung‹, ›Gegensatz von Wahrscheinlichem und Möglichem‹ für die Erläuterung der Gattung ausgenützt.*

Über die drei notwendigen Bestandteile einer Kriminalhandlung – Peripetie oder Umschlag der Handlung, Entdeckung und Pathos[26] – macht Aristoteles viele zutreffende Beobachtungen. Beim Pathos brauchen wir uns nicht lange aufzuhalten. Aristoteles definiert es als »eine zum Untergang führende oder qualvolle Handlung, wie etwa Tod ..., Schmerzen, Verwundungen und dergleichen«. Das gibt es im Kriminalroman häufig genug, und die einzig notwendige Bemerkung ist die, daß so etwas stets irgendwie der Handlung dienen sollte und nicht dem Nervenkitzel – geschweige denn der Ablenkung von einer Handlungsschwäche.

Ein Umschlag der Handlung in ihr Gegenteil kann alle Charaktere oder einen einzelnen betreffen: das Opfer – häufig ein Mensch von großem Reichtum – kann auf den Stand einer bloßen Leiche zurückgeworfen werden; es kann sich aber auch – entgegen allen Vermutungen – als überhaupt nicht tot erweisen. Der fälschlich Verdächtigte kann nach schweren Schicksalsschlägen aus der Todeszelle gerettet und in die Arme seiner Braut zurückgeführt werden. Nach verschiedenen Fehlschlüssen kann der Detektiv die richtige Lösung treffen. Solche Peripetien verleihen der Geschichte Bewegung und erwecken im Leser abwechselnd Furcht, Mitleid und ähnliche Gefühle. Die Ereignisse kommen am besten nicht zufällig, sondern durch eine *hamartia*[27], einen Fehler auf seiten des Betroffenen zustande. Dieser Fehler

26. griech., Leiden, leidenschaftliche Gefühlserregung.
27. *hamartia*: griech., ein tragische Verwicklung auslösender Irrtum, ein Fehlverhalten.

kann von unterschiedlicher Art sein. Das Opfer kann wegen seines unfreundlichen Charakters leiden; durch den Irrtum, eine böse Person zu ehelichen; durch unkluge Verwicklung in dunkle Finanzgeschäfte oder durch den Fehler, zuviel Geld zu besitzen. Der unschuldig Verdächtigte mag dumm genug gewesen sein, sich mit dem Opfer gestritten zu haben oder sich selbst in Verdacht gebracht zu haben, weil er Beweismaterial unterdrückte, um einen Dritten zu decken. Der Detektiv ist von Sorgen und Schwierigkeiten bedrückt, weil ihm ein Fehler beim Beobachten oder Schlußfolgern unterlief. All diese Fehler helfen beim Schaffen der Peripetie.

Aristoteles erwähnt eine ganze Reihe von Entdeckungen, die die Lösung ausmachen können. Im allgemeinen handelt es sich um die Entdeckung der Identität des Mörders oder die des Tathergangs.

[11]

Dorothy Leigh Sayers *sieht auch den eigentlichen »Leitstern« des Kriminalschriftstellers bei Aristoteles schon vorgegeben. Der Leser wird bei stimmigen Fakten – sie müssen »passend angebracht« sein – zu einer falschen Schlußfolgerung (Paralogismus) verführt.*

Jeder Dummkopf kann Lügen erzählen, jeder Dummkopf kann sie glauben; aber die richtige Methode ist, so die *Wahrheit* zu sagen, daß der *intelligente* Leser dazu verleitet wird, sich selbst eine Lüge vorzusetzen. Daß der Autor selbst eine dicke Lüge auftischen soll, widerspricht allen Kunstregeln des Detektivromans. Ist es nicht verwunderlich, daß Aristoteles, seiner Zeit zwei Jahrtausende voraus, auf einen Schlag die große moderne Theorie des *fair play* mit dem Leser gestaltet hat? A ist die Unwahrheit, B die Wahrheit. Der Autor darf uns nicht mit seinem Ansehen für A bürgen, denn was er mit seinem Ansehen verbürgt, müssen wir glauben können. Aber er kann uns B – was die Wahrheit ist – berichten und uns den falschen Schluß überlassen, daß A auch wahr sei.

So läßt sich am Anfang einer Geschichte der Diener Jones gegenüber seinem Herrn, Lord Smith, folgendermaßen vernehmen: »Sehr wohl, Mylord. Ich werde mich sofort darum kümmern.« Der Schluß liegt nahe, daß, wenn Jones zu Smith sprach, Smith auch zu Jones gesprochen hatte; und daß deswegen Smith zur fraglichen Zeit lebendig und anwesend war. Aber das ist eine falsche Schlußfolgerung; der Autor hat dergleichen nicht behauptet. Lord Smith kann anderswo sein; vielleicht ist er schon tot; Jones kann die Luft angesprochen haben oder irgendeine andere Person. Auch können wir über Jones' Stellung kein zuverlässiges Bild machen. Wenn Jones tatsächlich mit Leib und Seele anwesend ist und nicht nur durch seine Stimme mittels einer Schallplatte oder etwas Ähnlichem vertreten ist (was leicht der Fall sein kann), dann kann er sich an einen Dritten wenden in der Annahme, es handle sich um Smith; er kann Smith ermordet haben und gerade dabei sein, sich ein Alibi aufzubauen; oder Smith kann der Mörder und Jones sein Komplice sein, der ein Alibi für Smith schafft. Andererseits aber ist es auch nicht empfehlenswert anzunehmen (wie einige routinierte Leser es tun werden), daß *weil* man Smith nicht antworten hört, er *deswegen* schon nicht anwesend sei. Denn das könnte sehr wohl der doppelte Bluff sein, bei dem die Schlauheit des Lesers zu seinem eigenen Sturz ausgenutzt wird. Der Leser könnte folgendermaßen argumentieren:

Jones sprach zu Smith, aber Smith nicht zu Jones.

Viele Autoren verwenden dieses Verfahren, um den falschen Schluß nahezulegen, daß Smith noch lebte und anwesend war.

Daraus schließe ich, daß Smith abwesend ist oder tot. Aber dieser Syllogismus[28] ist so falsch wie der andere. »Viele Autoren« ist nicht dasselbe wie »alle Autoren zu allen Zei-

---

28. einfacher logischer Schluß. Aus zwei Vordersätzen (Prämissen), die einen gemeinsamen Begriff enthalten, wird ein dritter gefolgert (Kon-

ten«. Es schließt nicht die Möglichkeit aus, daß ein Autor einmal die Wahrheit so nahelegt, daß sie wie eine Lüge aussieht.

Ein schönes Beispiel für diesen Doppelbluff findet sich in *The Viaduct Murder* von Pater Knox[29]. Ein Mann wird tot aufgefunden, sein Gesicht ist bis zur Unkenntlichkeit entstellt. Eine Kette von Indizien legt nahe, daß der Tote X sei. Die Detektive und der Leser werden veranlaßt, folgendermaßen zu kombinieren:

Den Toten hält man für X.

Aber er ist nicht zu erkennen.

Daher ist er nicht X.

Folglich ist er ein anderer, nämlich Y.

Und da X zweifellos vermißt wird, ist X vermutlich der Mörder.

Aber am Ende ergibt sich, daß der entstellte Tote X ist; so daß alle raffinierten Überlegungen falsch sind, weil sie sich auf eine falsche Prämisse stützen.

Eine andere Art des Paralogismus findet sich in dem Syllogismus, der aus folgenden Zeilen besteht:

A ist offensichtlich verdächtig.

Aber in einer Detektivgeschichte ist der offensichtlich Verdächtige immer unschuldig.

Darum ist A unschuldig.

Aber für den zweiten Satz dieses Dreischritts gibt es keinerlei Sicherheit. Die Behauptung ist weder stets wahr noch logisch zwingend. Der offensichtlich Verdächtige ist in der Mehrzahl der Fälle unschuldig, aber nichts zwingt den Autor dazu, so zu verfahren.

In einem Detektivroman braucht nichts für wahr gehalten zu werden, es sei denn, der Autor bürgt dafür *in eigener Person*. Wenn z. B. der Autor sagt –

klusion). Beispiel: (1) Alle Menschen sind sterblich, (2) Sokrates ist ein Mensch, (3) also ist Sokrates sterblich.

29. Pater Ronald R. Knox (1888–1957) schrieb scherzhafte Kriminalromane nach E. C. Bentleys Vorbild. – »Der Tote unter dem Viadukt« (»The Viaduct Murder«, 1925), Heyne Crime Classics Nr. 1594.

Jones kam um zehn Uhr nach Hause

dann sind wir zu der Annahme berechtigt, daß Jones tatsächlich zu dieser und nicht zu einer anderen Zeit kam. Aber wenn der Autor sagt –

Die Standuhr schlug gerade zehn, als Jones nach Hause kam

dann gibt es keine Gewißheit über die Zeit von Jones' Heimkehr, denn nichts zwingt uns, das Zeugnis der Uhr zu akzeptieren. Auch brauchen wir keiner Beteuerung einer anderen Figur aus der Geschichte Glauben zu schenken, wenn nicht der Autor selbst sich für die Integrität dieser Person verbürgt.

Angenommen, der Butler bezeugt, Jones sei um zehn heimgekommen. Der Dienstherr des Butlers versichert, der Butler sei stets äußerst wahrheitsliebend gewesen. Können wir deshalb dem Butler glauben? Keineswegs, denn der Dienstherr kann sich täuschen, den Butler täuschen oder die Aussage des Butlers aus eigennützigen Motiven untermauern. Aber wenn der Autor selber sagt: »Niemand kann bezweifeln, daß der Butler die Wahrheit sagt« – dann, so denke ich, müssen wir glauben, daß der Butler ein zuverlässiger Zeuge ist, denn der Autor hat mit seinem ganzen Ansehen bestätigt, daß Zweifel ausgeschlossen ist.

[12]

Einer der »Aspekte des Detektivromans«, die Victor Žmegač *darstellt, ist die Funktion der Leiche. Er sieht sie als »Konvention«, als »Einsatz im Spiel«. Der Leser steht dem Opfer »gefühlsneutral« gegenüber.*

Der Detektivroman präsentiert einen Mord ›an sich‹, nicht etwa ein menschliches Schicksal, dem die Anteilnahme des Lesers gelten könnte. Einfühlung würde das intellektuelle Spiel plump gefährden. Die Drohung, die vom Mord, einem irreparablen Verbrechen, zweifellos ausgeht, wird mit bewährten Mitteln aufgefangen und neutralisiert. Nachträglich wird das Opfer moralisch belastet: hinter der zumeist ehrsamen bürgerlichen Existenz tut sich diskret ein Abgrund auf, das moralische Bild wird mit dunkler Tönung versehen. Darin bekundet sich nicht nur ein literarischer Gerechtigkeitssinn, ein vorsorgliches Gefühl für die Ökonomie der Schuld (möglicherweise ein Erbstück aus der Tragödie); entscheidend ist die Abwehr unangemessener Reaktionen. Unbrauchbar sind daher – in der Regel – völlig unbescholtene oder gar tabuierte Personen, Kinder zum Beispiel. Die Leiche ist lediglich ein Requisit, das nicht mehr Aufmerksamkeit verdient, als eben einem Rädchen im Mechanismus zukommt. Eine sachgerechte Lektüre von Detektivromanen stört nichts so sehr wie Affekt oder, noch schlimmer, Sentimentalität. Um auch jedes Mißverständnis auszuschließen, sind mehr und mehr Autoren geneigt, ihre Geschichten gleichsam augenzwinkernd darzubieten, mit Humor und understatement zu arbeiten, in einigen Fällen auch mit Selbstpersiflage[30]. Sogar der quasi okkulte[31] Schauer, mit dem manche Romane (wie die von J. Dickson Carr) aufwarten, erscheint nicht selten mit Humor versetzt. Der Detektivroman verträgt sich mit der Komik, nicht aber mit der Tragik. Das Blut, das durch die Ritzen sickert oder einen häßlichen Fleck auf dem Teppich der Bibliothek bildet, ist ebenfalls ein ganz besonderer Saft: ein künstlicher nämlich. Es ist bezeichnend, daß die Erzählung in der Nachfolge Doyles nicht nur von einer brutalen Realistik bedroht ist; auch ein heiteres Ende der Gattung zeichnet sich ab, die Auflösung durch Parodie – zu der diese Art des Romans insgeheim immer schon neigte.

---

30. Kriminalautoren spotten gern auf geistreiche Art über die von ihnen selbst benützte Gattung. Vgl. Nicholas Blake: Der Meuchelmörder Club und Dorothy Leigh Sayers: Der Mann der Bescheid wußte, in: Kriminalgeschichten (Arbeitstexte für den Unterricht, Reclams UB Nr. 9517).
31. verborgen, dunkel, geheimnisvoll.

S. S. Van Dine (Willard Huntington Wright):
Zwanzig Regeln für das Schreiben von Detektivgeschichten

Die Detektivgeschichte ist eine Art geistiges Spiel. Sie ist
mehr: ein sportlicher Wettkampf. Und für das Schreiben
von Detektivgeschichten gibt es ganz klare Gesetze – unge-
schrieben vielleicht, aber nichtsdestoweniger bindend; und
jeder Erfinder literarischer Rätsel, der auf sich hält, hält
sich auch an sie. Hier also ist eine Art Credo[32], das teilweise
auf der Praxis aller bedeutenden Detektivschriftsteller und
teilweise auf den Gewissensregungen des aufrichtigen Autors
beruht:

1. Leser und Detektiv müssen gleichwertige Möglichkeiten
haben, das Geheimnis zu lösen. Alle Hinweise müssen deutlich konstatiert und beschrieben werden.

2. Dem Leser dürfen keine vorsätzlichen Tricks und Täu-
schungen aufgebürdet werden außer jenen, die der Täter
zu Recht auch dem Detektiv selbst vorspielt.

3. Es darf keine Liebesgeschichte geben. Die Aufgabe besteht darin, einen Verbrecher vor die Schranken der Justiz,
nicht aber ein liebendes Paar vor den Traualtar zu bringen.

4. Niemals sollten der Detektiv selbst oder einer der Er-
mittlungsbeamten sich als der Missetäter herausstellen. So
etwas ist bloße Betrügerei und steht auf einer Stufe mit dem
Versuch, jemandem einen blanken Penny für ein goldenes
Fünfdollarstück anzudrehen. Es ist Vorspiegelung falscher
Tatsachen.

5. Der Täter muß durch logische Schlußfolgerungen ermit-
telt werden, nicht durch Zufall oder ein unmotiviertes Geständnis. Ein Kriminalproblem auf solche Weise lösen heißt,
den Leser mit Vorbedacht auf Fährtensuche schicken und
ihm nach seinem Mißerfolg erzählen, das Objekt seiner
Nachforschungen habe man schon von Anfang an in der

32. lat., Glaubensbekenntnis.

Tasche gehabt. Ein Autor, der das tut, spielt seinem Leser nur Streiche.

6. Der Detektivroman muß über einen Detektiv verfügen; und Detektiv ist nur derjenige, der etwas aufdeckt (detects). Seine Aufgabe ist es, Indizien zu sammeln, welche zu der Person führen, die im ersten Kapitel die Untat beging; und wenn der Detektiv nicht durch eine Analyse jener Indizien zu seinem Ergebnis kommt, dann hat er das Problem nicht besser gelöst als der Schuljunge, der die Lösung seiner Mathematikaufgabe aus dem Lösungsheft bezieht.

7. Im Detektivroman *muß* es ganz einfach eine Leiche geben, und je toter sie ist, desto besser. Ein kleineres Verbrechen als Mord reicht einfach nicht aus. Dreihundert Seiten sind zuviel Aufhebens für etwas Geringeres. Schließlich müssen des Lesers Mühe und Energieaufwand belohnt werden.

8. Das Verbrechen muß mit rein naturalistischen Mitteln aufgeklärt werden. Zur Ermittlung der Wahrheit sind Methoden wie etwa unsichtbare Schrift, Gedankenlesen, spiritistische Sitzungen, Befragungen der Kristallkugel u. ä. tabu. Der Leser hat eine Chance, wenn er seinen Verstand mit dem eines rational operierenden Detektivs messen kann, aber wenn er gegen die Geisterwelt oder gegen die vierte Dimension der Metaphysik antreten muß, hat er von vornherein verspielt.

9. Es darf nur einen Detektiv geben – d. h. nur einen Helden der Schlußfolgerung, nur einen *deus ex machina*[33]. Drei, vier oder noch mehr Detektive auf ein Problem anzusetzen heißt nicht nur, das Interesse weit zu verstreuen und die direkte Logik zu unterbrechen, sondern auch die Chancengleichheit des Lesers opfern. Wenn es mehr als einen Detektiv gibt, weiß der Leser nicht, an wem er seine Schlußfolgerungen orientieren soll. Es ist, als ob der Leser ein Wettrennen gegen eine Staffel austragen sollte.

10. Der Täter muß eine Person sein, die in der Geschichte

---

33. lat., ursprünglich mittels Bühnenmaschinerie auftretender Gott, der alle Verwicklungen löst.

eine mehr oder weniger bedeutende Rolle gespielt hat – eine Person also, die dem Leser vertraut ist und für die er sich interessiert.

11. Der Autor darf keinen Diener zum Täter machen. Das hieße den Kern der Sache umgehen: die Lösung wäre zu einfach. Der Täter muß unzweifelhaft eine ehrenwerte Person sein – eine, die normalerweise über Verdacht erhaben ist.

12. Es darf nur einen Täter geben – ganz gleich, wie viele Morde begangen werden. Natürlich kann der Täter einen untergeordneten Helfer oder Mitverschwörer haben; aber die ganze Last muß auf einem Paar Schultern ruhen: der ganze Unwille des Lesers muß sich auf ein einziges schwarzes Schaf konzentrieren können.

13. Geheimbünde, Camorras[34], Mafias usw. haben keinen Platz in einer Detektivgeschichte. Ein faszinierender und wahrhaftig schöner Mord wird durch solch kumulative Verantwortung unwiderruflich verdorben. Sicherlich sollte dem Mörder in einem Detektivroman eine echte Chance gegeben werden; aber es geht zu weit, ihm den Rückhalt einer Geheimgesellschaft zu verschaffen. Kein erstklassiger Mörder mit Selbstachtung würde solche Bedingungen wünschen.

14. Die Mordmethode und die Mittel ihrer Aufdeckung müssen rational und wissenschaftlich sein. Pseudowissenschaft und rein imaginative oder spekulative Methoden können also im *roman policier*[35] nicht geduldet werden. Wenn ein Autor sich erst einmal wie ein Jules Verne[36] ins Reich der Phantasie begibt, befindet er sich außerhalb der Grenzen der Detektivliteratur und tummelt sich in den nicht erschlossenen Weiten des Abenteuers.

15. Die Wahrheit des Falles muß stets offenbar sein – vorausgesetzt, der Leser ist scharfsinnig genug, sie zu sehen. Damit meine ich, daß der Leser – sollte er nach der Auf-

---

34. Die Camorra ist – ähnlich der sizilianischen Mafia – ein verbrecherischer Geheimbund; sie stammt aus dem ehem. Königreich Neapel.
35. französischer Ausdruck für den Kriminalroman.
36. Der Franzose Jules Verne (1828–1905) schrieb utopisch-technische Romane über abenteuerliche Entdeckungen und Reisen.

klärung das Buch noch einmal lesen – sehen würde, wie die Lösung sich ihm gewissermaßen immer schon aufgedrängt hat, wie alle Hinweise tatsächlich auf den Täter deuteten und wie er, wäre er so klug gewesen wie der Detektiv, den Fall selbst hätte lösen können, ohne bis zum letzten Kapitel zu lesen. Daß der scharfsinnige Leser oft wirklich das Rätsel löst, versteht sich von selbst.

16. Ein Detektivroman sollte keine langen beschreibenden Passagen, kein literarisches Verweilen bei Nebensächlichkeiten, keine subtilen[37] Charakteranalysen, kein intensives Bemühen um ›Atmosphäre‹ enthalten. Diese Elemente sind in einem Bericht über Verbrechen und Schlußfolgerungen nicht von elementarer Wichtigkeit. Sie blockieren die Handlung und führen Motive ein, die mit dem Hauptzweck nichts zu tun haben, welcher darin besteht, ein Problem darzustellen, es zu analysieren und zu einer erfolgreichen Auflösung zu bringen. Andererseits muß der Roman genügend Beschreibung und Charakterzeichnung enthalten, um wahrscheinlich zu wirken.

17. Niemals darf ein Berufsverbrecher in einem Detektivroman die Verantwortung für das Verbrechen tragen. Delikte von Einbrechern und Banditen sind Angelegenheiten der Polizei – nicht Sache von Schriftstellern und brillanten Amateurdetektiven. Ein wirklich faszinierendes Verbrechen wird von einem Würdenträger der Kirche oder einer alten Jungfer begangen, die für ihre Wohltätigkeit bekannt ist.

18. Ein Verbrechen in einer Detektivgeschichte sollte sich nie als Unfall oder Selbstmord erweisen. Die Odyssee einer Ermittlung mit einer solchen Antiklimax zu beenden, heißt den zutraulichen und wohlwollenden Leser täuschen.

19. Alle Verbrechen in Detektivgeschichten sollten aus persönlichen Motiven begangen werden. Internationale Verschwörungen und Kriegspolitik gehören in eine andere Literaturkategorie – die der Geheimdiensterzählungen etwa. Eine Mordgeschichte aber muß sozusagen ›gemütlich‹ blei-

---

37. fein, genau, spitzfindig, verzwickt.

ben. Sie muß Alltagserfahrungen des Lesers widerspiegeln und ihm ein gewisses Ventil für seine unterdrückten Wünsche und Gefühle verschaffen.

20. Um mein Credo mit einer runden Zahl von Punkten abzuschließen, zähle ich hier noch einige Kunstgriffe auf, deren sich jetzt kein Verfasser von Detektivromanen mehr bedient, wenn er auf sich hält. Sie sind zu oft verwendet worden und allen Liebhabern von Kriminalliteratur vertraut. Ihre Verwendung ist ein Eingeständnis von Unfähigkeit und mangelnder Originalität auf seiten des Autors. (a) Bestimmung der Identität des Täters durch Vergleich eines Zigarettenstummels, der am Tatort gefunden wurde, mit der Zigarettenmarke, die ein Verdächtiger raucht. (b) Die vorgetäuschte spiritistische Sitzung, die den Täter so sehr erschrecken soll, daß er sich selbst verrät. (c) Gefälschte Fingerabdrücke. (d) Gefälschtes Alibi. (e) Der Hund, der nicht bellt und dadurch verrät, daß der Eindringling ein Bekannter ist. (f) Die abschließende Verlagerung des Verbrechens auf den Zwillingsbruder oder einen Verwandten, der der verdächtigten, aber unschuldigen Person gleicht. (g) Die Injektionsspritze und die Betäubungstropfen. (h) Der Mord in einem geschlossenen Raum, nachdem die Polizei eingedrungen ist. (i) Der Wortassoziationstest zur Ermittlung der Schuld. (j) Die Chiffre oder der verschlüsselte Brieftext, die am Ende durch den Detektiv dechiffriert werden.

[14]

»Mord ist keine Kunst« (»The Simple Art of Murder«) betitelte Raymond Chandler 1944 einen Aufsatz, in dem er ›klassische‹ Detektivliteratur angriff. Er nimmt sich bewunderte Erzählungen vor und analysiert Punkt für Punkt deren Unstimmigkeiten und Unwahrscheinlichkeit.

Es gibt eine Story von Freeman Wills Croft (der sachlichste Konstrukteur von allen, wenn ihm nicht gerade die Phantasie durchgeht), in der der Mörder mit Hilfe von Schminke, einem auf Sekundenbruchteile berechneten Zeitplan und ein paar hinreißenden Ausweichmanövern den Mann darstellt, den er gerade getötet hat, und sich lebend vom Schauplatz des Verbrechens entfernen kann. Es gibt eine Story von Dorothy Sayers, in der ein Mann ermordet wird, während er nachts allein in seinem Haus ist. Der Mord wird durch ein mechanisch ausgelöstes Gewicht begangen, und es funktioniert, weil er immer gerade in diesem Augenblick das Radio anstellt und dabei immer genau dieselbe Stellung einnimmt und sich genauso weit und keinen Zentimeter mehr oder weniger vorbeugt. Ein bißchen mehr oder weniger in der einen oder anderen Richtung, und die Leser säßen auf dem trockenen. Das ist, was man vulgär als »den lieben Gott auf seinem Schoß sitzen haben« bezeichnet. Ein Mörder, der so viel Unterstützung durch die Vorsehung benötigt, muß den falschen Beruf ergriffen haben.

Und nun noch ein Mord von Agatha Christie, in dem M. Hercule Poirot, der einfallsreiche Belgier, der ein Französisch spricht, das das Niveau der wörtlichen Übersetzung eines Quartaners hat, mitwirkt, wobei er pflichtschuldigst mit seinen »kleinen grauen Zellen« manövriert. M. Poirot entscheidet, daß niemand in einem bestimmten Schlafwagen den Mord allein begangen haben könne, und kommt deshalb zu dem Schluß, daß alle zusammen daran beteiligt waren, und teilt den Prozeß in eine Reihe einfacher Handlungen auf wie die Montage eines Schneebesens für die Küche. Das ist die Sorte, vor der selbst der schärfste Verstand kapituliert. Nur ein Halbidiot könnte auf diesen Einfall kommen.

Diese gleichen Schriftsteller und andere ihrer Schule haben viele bessere Handlungen erfunden. Es könnte gut eine darunter sein, die einer scharfen Überprüfung wirklich standhält. Es müßte Spaß machen, sie zu lesen, selbst wenn man auf Seite 47 zurückblättern müßte, um sein Gedächtnis aufzufrischen, um welche Zeit genau der zweite Gärtner die preisgekrönte Teerosen-Begonie eintopfte. [...]

Diese Gattung, die klassische Detektivgeschichte, hat nichts gelernt und nichts vergessen. Zu ihr gehören die Geschichten, die man fast jede Woche in den großen, angesehenen Zeitschriften findet, hübsch illustriert und mit dem richtigen Grad von Ehrfurcht vor jungfräulicher Liebe und der richtigen Sorte Luxusgütern. Ihr Tempo ist vielleicht eine Winzigkeit schneller geworden, und der Dialog hat ein bißchen mehr Glätte. Es werden mehr geeiste Daiquiris und harte Schnäpse bestellt und weniger reifer alter Port. Mehr Kleider stammen aus *Vogue* und mehr Wohnungseinrichtungen aus *House Beautiful*; es gibt mehr Chic, aber nicht mehr Wahrheit. Wir verbringen mehr Zeit in Miami-Hotels und Sommerhäusern am Cape Cod und wandeln nicht so oft an der alten grauen Sonnenuhr in den elisabethanischen Gärten vorbei.

Grundsätzlich liegt jedoch eine »dürre Formel« zugrunde. Für Chandler müssen derartige Werke zweitrangige Literatur bleiben, weil sie falsche Dinge behandeln und »wirklichen Menschen« keinen Platz lassen. Erst der Amerikaner Dashiell Hammett überträgt die für die Gegenwart bezeichnende »revolutionäre Ernüchterung«, wie sie sich beispielsweise in Ernest Hemingways frühen Romanen und Kurzgeschichten niederschlägt, auf den Kriminalroman.

Hammett schrieb zuerst (und fast bis zuletzt) für Leute, die dem Leben gegenüber eine harte, aggressive Haltung einnehmen. Sie fürchteten sich nicht vor den Schattenseiten des Daseins; sie lebten dort. Gewalttätigkeit erschreckte sie nicht; sie kannten sie von der Straße vor ihrer Haustür. Hammett gab den Mord den Leuten zurück, die Grund haben, zu morden, und nicht nur da sind, um eine Leiche zu beschaffen, Leuten, die die Mittel zum Mord in der Hand haben und nicht mit handgeschmiedeten Duellpistolen, mit Curare und mit tropischen Fischen morden. Er brachte diese Leute so zu Papier, wie sie waren, und ließ sie in einer Sprache reden und denken, die sie kannten.

Hammetts Stil ist die Grundlage für neue literarische Qua-
litäten. Der realistische Kriminalroman ermöglicht mehr
künstlerische Formung, wobei Spannung als Bewegung zwi-
schen Charakteren bleibt. Chandlers eigener Ansatzpunkt
geht aber über formale Vollendung hinaus.

Aber dies alles (einschließlich Hammett) ist mir noch nicht
genug. Der Realist in Mordgeschichten schreibt von einer
Welt, in der Verbrecher Nationen beherrschen können und
fast Städte beherrschen, in denen Hotels und Apartment-
häuser und berühmte Restaurants im Besitz von Männern
sind, die ihr Geld mit Bordells gemacht haben, in denen
Filmstars die Marionetten eines Pöbels sein können und in
denen der nette Herr eine Etage tiefer Chef einiger dunkler
Geschäftsunternehmen ist. Eine Welt, in der ein Richter, der
einen Keller voll geschmuggelten Alkohols[38] besitzt, einen
Mann ins Gefängnis schickt, weil er eine kleine Flasche
Schnaps in der Tasche hat, wo der Bürgermeister Ihrer
Heimatstadt Mord als Methode des Geldmachens gutheißen
mag, wo kein Mann in Sicherheit durch eine dunkle Hinter-
gasse gehen kann, weil Recht und Ordnung Dinge sind, von
denen wir zwar reden, sie aber nicht in die Wirklichkeit
übertragen. Eine Welt, in der Sie Zeuge eines Überfalls am
hellen Tag sein können und sehen können, wer es war, in
der Sie aber schnell in der Menge untertauchen, statt irgend
jemandem etwas davon zu sagen, weil die Banditen Freunde
mit langen Pistolen haben mögen oder es der Polizei vielleicht nicht gefällt, daß Sie eine Zeugenaussage zu Protokoll
geben und in der in jedem Fall zugelassen wird, daß ein
fragwürdiger Winkeladvokat, der den Angeklagten vertei-
digt, Sie bei der Verhandlung vor einer Jury von ausge-
suchten Schwachköpfen beschimpft und verächtlich macht,
ohne daß der politisch gebundene Richter auch mehr als die
oberflächlichsten Versuche macht, einzugreifen.

38. In den gesamten Vereinigten Staaten bestand 1919 bis 1933 ein Ver-
bot von Herstellung, Transport und Verkauf alkoholischer Getränke
(Prohibition).

Es ist keine Welt, die sehr angenehm riecht, aber es ist die Welt, in der Sie leben, und bestimmte Schriftsteller mit hartem Verstand und einer kühlen, distanzierten Einstellung können sehr interessante und sogar amüsante Geschichten darüber schreiben. Es ist nicht komisch, daß ein Mann getötet wird, aber es ist manchmal komisch, daß er wegen so geringfügiger Dinge getötet wird und wir seinen Tod die Scheidemünze der Zivilisation nennen. Alles das ist noch nicht genug.

In allem, was Kunst genannt wird, liegt eine Eigenschaft der Erlösung. Sie kann rein tragisch sein, wenn es sich um eine große Tragödie handelt, und sie kann in Mitleid und Ironie bestehen oder auch in dem rauhen Gelächter eines starken Mannes. Aber durch die anrüchigen Straßen muß ein Mann gehen, der selbst nicht anrüchig ist, der weder befleckt noch furchtsam ist. Der Detektiv in Geschichten dieser Art muß solch ein Mann sein. Er ist der Held, er ist alles. Er muß ein vollkommener Mann sein und ein gewöhnlicher Mann, und er muß doch ein ungewöhnlicher Mann sein. Er muß, um eine recht abgegriffene Phrase zu gebrauchen, ein Mann von Ehre, ein Mann mit Instinkt, ein Mann des Unvermeidlichen sein, ohne daran zu denken und ganz gewiß, ohne darüber zu sprechen. Er muß der beste Mann in dieser Welt und ein guter Mann für jede Welt sein. Sein privates Leben interessiert mich wenig. Er ist weder ein Eunuche noch ein Satyr[39]. Ich glaube, daß er eine Herzogin verführen würde, aber ich bin völlig überzeugt, daß er keinem unschuldigen Mädchen zu nahe tritt. Wenn er ein Ehrenmann in einer Sache ist, ist er es in allem.

Er ist ein verhältnismäßig armer Mann, oder er könnte nicht zwischen einfachen Leuten leben. Er hat Sinn für Charakter, oder er würde nicht wissen, was seine Aufgabe ist. Er wird von niemandem unehrenhaftes Geld annehmen und wird sich von keinem Mann beleidigen lassen, ohne sich

39. Das englische Wort ›satyr‹ ist hier nicht für einen griechischen Naturdämon (halb Mensch halb Ziegenbock) gebraucht, sondern übertragen für einen sexuell triebhaften Menschen.

40

angemessen und leidenschaftslos dafür zu rächen. Er ist ein einsamer Mann, und sein Stolz liegt darin, daß man ihn wie einen stolzen Mann behandelt, oder es tut einem verdammt leid, daß man ihm überhaupt über den Weg gelaufen ist. Er spricht, wie ein Mann seines Alters redet, das heißt mit rauhem Witz, mit einem lebhaften Sinn für das Groteske, mit Abscheu für Heuchelei und mit Verachtung für Kleinlichkeit.

Die Geschichte schildert die Abenteuer dieses Mannes auf der Suche nach der verborgenen Wahrheit, und es wäre kein Abenteuer, wenn Sie nicht einem Mann begegneten, der für Abenteuer geschaffen ist. Er hat eine Reichweite des Bewußtseins, die überrascht, aber sie steht ihm rechtmäßig zu, weil sie zu der Welt gehört, in der er lebt. Wenn es seinesgleichen genügend gäbe, wäre die Welt meiner Ansicht nach ein Ort, an dem man sicher leben könnte, und sie wäre trotzdem nicht so langweilig, daß es sich nicht darin zu leben lohnte.

[15]

Ob es den gesellschaftskritischen Kriminalroman gibt, der Spannung und aufklärerisches Anliegen verbindet, der unterhält und gleichzeitig bewußtseinsbildend wirkt, dieser Frage geht Peter Nusser *in einer vergleichenden Studie nach. Bei Dashiell Hammett (»Der gläserne Schlüssel«)*[40] *sieht er zwar Sozialkritik, die aber undialektisch bleibt, weil der Leser die Bewegung der verbrecherischen Figuren mitvollzieht, ohne ein Gegenbild aufbauen zu können; bei dem französischen Autorengespann Pierre Boileau / Thomas Narcejac (»Mensch auf Raten«)*[41] *erfährt der Leser eine Verwirrung des genormten Gefühlshaushalts, die bis zum Mißtrauen gegen staatliche Institutionen führt; bei dem*

---

40. Dashiell Hammett: Der gläserne Schlüssel (The Glass Key, 1931), Ullstein Buch Nr. 745, Goldmann Taschen Krimi Nr. 3015.
41. Pierre Boileau / Thomas Narcejac: Mensch auf Raten, rororo thriller 2115.

DDR-Autor Alexander Andrew (»Die Dame mit dem Tick«) geht es, etwas langweilig, um Normen der Parteilichkeit, die an Reste kapitalistischer – sprich verbrecherischer – Umgebung angelegt werden. Schließlich aber zeigt sich bei Harry Kemelman (»Am Freitag schlief der Rabbi lang«)[42] ein brauchbares Modell. Nach einem Mord reagieren bestimmte gesellschaftliche Gruppen so unterschiedlich, daß sie in Konflikte geraten, die ausgetragen werden müssen.

Dieser gesellschaftskritische Ansatz hat sehr viel Ähnlichkeit mit demjenigen Hammetts. Beide motivieren – wenn auch nicht sehr deutlich – den Mord als Folge derjenigen in der Gesellschaft wirksamen Kräfte – bei Hammett skrupelloses politisches Machtstreben, bei Kemelman Prestigedenken und Vorurteilsbeladenheit –, deren Verurteilung ihr eigentliches Interesse gilt. Beiden ist der Mord selbst gleichsam Nebensache, nur ein Mittel, die durch ihn ausgelösten Interaktionen[43] zu beschreiben. Im Unterschied zu Hammett stellt Kemelman dem Leser jedoch nicht nur die Welt einer politischen Spitzengruppe vor, sondern die Welt der Normalbürger einer amerikanischen Stadt – Juden, Katholiken, Reformierte, Alteingesessene, Einwanderer verschiedener Nationalitäten, Angehörige verschiedenster Berufe und Einkommensgruppen. Mit der Gruppe der jüdischen Geschäftsleute wird der Leser schon vor dem Mord bekannt. Kemelman zeigt in kleineren Erzählsituationen Prestigedenken, aggressiven Konformismus, Vorurteilsbeladenheit dem Außenseiter gegenüber, Heuchelei als Einstellungen, die eine Minderheitengruppe zu ihrem eigenen Schutz angenommen hat. Als der Rabbi in den Mordfall verwickelt wird, richtet sich die Frustration dieser Gruppe gegen ihn: Er erscheint wegen seines geistlichen Amtes in den Augen der Gemeinde als der sexuell Absonderliche, obwohl er verheiratet ist;

---

42. Harry Kemelman: Am Freitag schlief der Rabbi lang (Friday the Rabbi slept late, 1964), rororo thriller 2090.
43. zwischen Gruppenmitgliedern oder Gruppen stattfindende Handlungen.

Sensationsgier treibt die Gemeinde plötzlich in die Gottesdienste, in denen sie ihn fixiert; sein Hauptwidersacher erniedrigt ihn so weit, daß er ihm einen Meineid abzuverlangen sucht; seinen Vertrag verlängert man nur, um als Gruppe gegenüber den Christen das Gesicht zu wahren; Verdächtigungen schwelen, Klatsch blüht. Was die Juden ihrem Rabbi antun, erfahren sie in der Folge am eigenen Leib. Die alten Ressentiments christlicher Kleinbürger brechen auf. Sie äußern sich im Vorwurf des Ritualmordes, in Hakenkreuzschmierereien, in anonymen Drohungen. Die Stadtväter distanzieren sich, aber lahm, nur von Geschäftsinteressen geleitet. Kemelman nimmt einen Mord zum Anlaß, das wahre Gesicht amerikanischer Gesellschaft zu entlarven, das sich im Alltag hinter Phrasen verschanzt. Die Ursachen der hier beschriebenen Inhumanität werden nicht verschwiegen, wenn auch nicht entfaltet. Nicht die ökonomischen Ungerechtigkeiten, auch kaum die rassischen Verschiedenheiten stellt Kemelman in den Vordergrund, sondern die religiösen und weltanschaulichen Vorurteile. Die positiv gezeichneten Figuren in diesem Buch sind daher auch diejenigen, die über ihre religiösen Anschauungen sprechen: der katholische Polizeichef Lanigan, der Rabbi Small. Diese beiden ›Detektive‹ bemühen sich nicht nur um die Aufklärung des Mordes, sondern auch um Aufklärung des Lesers durch Klärung und Erklärung ihrer religiösen Ansichten. Der Rabbi führt auch die eigenen Glaubensgenossen immer wieder in den Sinn jüdischer Traditionen ein. In seiner Auslegung und Anwendung erweisen sie ihre Lebenskraft, insbesondere der Talmud[44] und der pilpul, das Streitgespräch über die Auslegung einer Textstelle dieses Buches. Mit Hilfe dieser in der jüdischen Überlieferung verankerten Methode der Wahrheitsfindung widerlegt der Rabbi nicht nur den Indizienbeweis des Polizeichefs, er entwickelt daraus ein Modell aufgeklärten Zusammenlebens. Kemelman baut in diesem Buch emotional befrachtete Konfliktsituatio-

44. Zusammenfassung jüdischer Lehren aus dem 3. bis 5. Jahrhundert.

nen zwischen jüdischen Gemeindemitgliedern auf, nur um den Rabbi zeigen lassen zu können, wie Streitigkeiten rationalisiert und damit entlastet und geklärt werden können. Ständig läßt er im Rabbi Denkprozesse ablaufen, die auf die Lösung praktischer Probleme des Zusammenlebens bezogen sind. Der Rabbi ist kein Fanatiker des Denkens, sondern ein Fanatiker der Wahrheit.

[16]
Julian Symons *verdeutlicht in einer Übersicht die inhaltliche und formale Wandlung der Kriminalliteratur, die sich Mitte der vierziger Jahre vollzog. Der Kriminalroman im engeren Sinn ersetzt weitgehend die Detektivgeschichte.*

Detektivgeschichte	Kriminalroman
Der ›plot‹[45] *(Handlungsgrundlage)* Beruht auf einer Täuschung, die mechanischen (verschlossener Raum) verbalen (irreführende Aussagen), gerichtsmedizinischen (Gift, Blutgruppen, falsche Fingerabdrücke) oder waffentechnischen Ursprungs sein kann. Das Buch wird von dieser Täuschung aus rückwärts konstruiert, die Enthüllung ist der Höhepunkt, auf den alles zustrebt.	*Der* ›plot‹ Beruht auf der psychischen Natur der Personen (Welcher seelische Druck kann A zum Mörder von B gemacht haben?) oder auf einer seelisch unerträglichen Situation, die nur in einer Gewalttat enden kann. Keine Täuschung durch versperrte Zimmer, gefälschte Fingerabdrücke, keine unbekannten Gifte. Meist geht es um die Frage: Hat A wirklich B getötet, und wenn ja, was wird dann aus ihm? Das Buch ist von diesem Problem aus vorwärts konstruiert.

45. englischer Ausdruck für den Grundplan epischer und dramatischer Werke. Die formale Gestaltung eines Stoffes ist im ›plot‹ bereits enthalten.

Der Detektiv

Kann seine Tätigkeit beruflich oder als Amateur ausüben, gehört oft einer Agentur an oder betreibt selbst eine; Amateure geraten zufällig an ihre Fälle. Ist stets der Mittelpunkt des Geschehens, meist der Held und in der Regel ein guter Beobachter, der Dinge sieht, welche andere übersehen.

Der Detektiv

Häufig kein Detektiv. Manchmal gibt es einen Detektiv, der in einer ganzen Serie auftritt, doch er ist selten eine brillante Vernunftmaschine. Die Hauptfigur ist meist jemand, dem gewisse Dinge zustoßen.

Mordmethode

Ist das Verbrechen ein Mord, wie meist, dann kann dieser bizarr oder irreführend sein (ein scheinbar erschossenes Opfer wurde in Wirklichkeit vergiftet). Manchmal ist die Methode äußerst raffiniert, wie bei einem ›Locked-Room-Mystery‹ oder rätselhaft, wie bei einem Giftmord, wo alle Anwesenden das gleiche gegessen und getrunken haben.

Mordmethode

Meist schlicht und unkompliziert, selten von Bedeutung. Die Waffentechnik spielt mitunter eine Rolle, doch mechanische Vorrichtungen sind geradezu verpönt.

Hinweise (Clues)

Ein ganz wichtiges Element. Es gibt vielleicht ein Dutzend davon in jeder Geschichte. Der Detektiv erklärt sie selbst oder überläßt die Deduktion dem Leser.

Hinweise

Häufig keine in dem Sinn, wie sie die Detektivgeschichte verwendet.

Personen

Nur der Detektiv ist in allen Einzelheiten geschildert. Alle sonstigen Charakterisierungen sind oberflächlich, vor allem nach erfolgtem Verbrechen, wo sich die Personen dem Handlungsgang unterwerfen müssen.

Milieu

Beschreibung beschränkt sich auf die Zeit vor dem Verbrechen. Später nimmt der Handlungsgang eine vorrangige Stellung ein, die Milieuschilderung wird nicht mehr weiter ergänzt.

Soziale Haltung

Konservativ.

Bedeutung des Rätselelements

Oft sehr groß. Der Detektiv und das Rätsel sind das einzige, woran man sich danach noch erinnert.

Personen

Die Grundlage des Romans. Das Leben der Personen geht nach dem Mord weiter, und oft ist gerade ihr Verhalten danach wichtig für die Fortführung der Geschichte.

Milieu

Wichtig für Stimmung und Stil des Romans. Oft auch bedeutender Bestandteil des Verbrechens, das heißt, der Milieudruck, der unter ganz bestimmten Bedingungen zu diesem ganz bestimmten Mord führte.

Soziale Haltung

Verschieden, häufig jedoch radikal in dem Sinn, daß Aspekte der Rechtsprechung, der Gesetze allgemein oder der herrschenden Gesellschaftsform in Frage gestellt werden.

Bedeutung des Rätselelements

Manchmal sehr groß, manchmal überhaupt nicht vorhanden. Man erinnert sich vor allem an die Personen und an die Situationen, in die sie gestellt wurden.

B. Diskussion

[17]

Als Vergleichsmaßstab für die Diskussion über Bewertung, Wirkung und Herstellung des Kriminalromans scheint ein zeitlich entlegener Text geeignet. – Im 18. Jahrhundert waren Prozeßberichte, die der französische Jurist François Gayot de Pitaval von 1734 bis 1743 in 20 Bänden auf Grund von Originalakten veröffentlichte, beliebter Lesestoff. Diese »Causes Célèbres et Intéressantes ...«, in Deutschland bereits 1747 erschienen, wurden von dem Jenaer Pädagogen Friedrich I. Niethammer 1792 neu herausgegeben. Das Vorwort für die »Merkwürdigen Rechtsfälle als ein Beitrag zur Geschichte der Menschheit« schrieb Friedrich Schiller.

Unter derjenigen Klasse von Schriften, welche eigentlich dazu bestimmt ist, durch die Lesegesellschaften ihren Zirkel zu machen, finden sich, wie man allgemein klagt, so gar wenige, bei denen sich entweder der Kopf oder das Herz der Leser gebessert fände. Das immer allgemeiner werdende Bedürfnis zu lesen, auch bei denjenigen Volksklassen, zu deren Geistesbildung von seiten des Staats so wenig zu geschehen pflegt, anstatt von guten Schriftstellern zu edleren Zwecken benutzt zu werden, wird vielmehr noch immer von mittelmäßigen Skribenten[46] und gewinnsüchtigen Verlegern dazu gemißbraucht, ihre schlechte Ware, wär's auch auf Unkosten aller Volkskultur und Sittlichkeit, in Umlauf zu bringen. Noch immer sind es geistlose, geschmack- und sittenverderbende Romane, dramatisierte Geschichten, sogenannte Schriften für Damen und dergleichen, welche den besten Schatz der Lesebibliotheken ausmachen und den kleinen Rest gesunder Grundsätze, den unsre Theaterdichter[47]

---

46. verächtlicher Ausdruck für Schriftsteller; Vielschreiber.
47. Namen, die auf den Spielplänen der damaligen Bühnen erschienen, waren weniger Schiller, Goethe, Lessing, Klinger, Lenz als August Wilhelm Iffland (1759–1814), Schauspieler und Produzent von ›Familien-

noch verschonten, vollends zugrund richten. Wenn man den Ursachen nachgeht, welche den Geschmack an diesen Geburten der Mittelmäßigkeit unterhalten, so findet man ihn in dem allgemeinen Hang der Menschen zu leidenschaftlichen und verwickelten Situationen gegründet, Eigenschaften, woran es oft den schlechtesten Produkten am wenigsten fehlt. Aber derselbe Hang, der das Schädliche in Schutz nimmt, warum sollte man ihn nicht für einen rühmlichen Zweck nutzen können? Kein geringer Gewinn wäre es für die Wahrheit, wenn bessere Schriftsteller sich herablassen möchten, den schlechten die Kunstgriffe abzusehen, wodurch sie sich Leser erwerben, und zum Vorteil der guten Sache davon Gebrauch zu machen.

Bis dieses allgemeiner in Ausübung gebracht oder bis unser Publikum kultiviert genug sein wird, um das Wahre, Schöne und Gute ohne fremden Zusatz für sich selbst lieb zu gewinnen, ist es an einem unterhaltenden Buch schon Verdienst genug, wenn es seinen Zweck ohne die schädliche Folgen erreicht, womit man bei den mehresten Schriften dieser Gattung das geringe Maß der Unterhaltung, die sie gewähren, erkaufen muß. Es verdrängt, wenigstens, solang es gelesen wird, ein schlimmeres, und enthält es dann irgend noch einige Realität für den Verstand, streut es den Samen nützlicher Kenntnisse aus, dient es dazu, das Nachdenken des Lesers auf würdige Zwecke zu richten, so kann ihm, unter der Gattung, wozu es gehört, der Wert nicht abgesprochen werden.

Von dieser Art ist das gegenwärtige Werk, für dessen Brauchbarkeit ich veranlaßt worden bin, ein öffentliches Zeugnis abzulegen, und ich glaube keine andre Gründe nötig zu haben, um die Herausgabe desselben zu rechtfertigen. Man findet in demselben eine Auswahl *gerichtlicher Fälle*, welche sich an Interesse der Handlung, an künstlicher Verwicklung und Mannigfaltigkeit der Gegenstände bis zum Roman erheben und dabei noch den Vorzug der histo-

gemälden‹, und August von Kotzebue (1761–1814), Erfolgsautor mit über 200 Unterhaltungsdramen.

48

rischen Wahrheit voraus haben. Man erblickt hier den Menschen in den verwickeltesten Lagen, welche die ganze Erwartung spannen, und deren Auflösung der Divinationsgabe[48] des Lesers eine angenehme Beschäftigung gibt. Das geheime Spiel der Leidenschaft entfaltet sich hier vor unsern Augen, und über die verborgenen Gänge der Intrige[49], über die Machinationen[50] des *geistlichen* sowohl als *weltlichen* Betruges wird mancher Strahl der Wahrheit verbreitet. Triebfedern, welche sich im gewöhnlichen Leben dem Auge des Beobachters verstecken, treten bei solchen Anlässen, wo Leben, Freiheit und Eigentum auf dem Spiele steht, sichtbarer hervor, und so ist der Kriminalrichter imstande, tiefere Blicke in das Menschenherz zu tun. Dazu kommt, daß der umständlichere Rechtsgang die geheimen Bewegursachen menschlicher Handlungen weit mehr ins klare zu bringen fähig ist, als es sonst geschieht, und wenn die vollständigste Geschichtserzählung uns über die letzten Gründe einer Begebenheit, über die wahren Motive der handelnden Spieler oft genug unbefriedigt läßt, so enthüllt uns oft ein Kriminalprozeß das Innerste der Gedanken und bringt das versteckteste Gewebe der Bosheit an den Tag. Dieser wichtige Gewinn für Menschenkenntnis und Menschenbehandlung, für sich selbst schon erheblich genug, um diesem Werk zu einer hinlänglichen Empfehlung zu dienen, wird um ein großes noch durch die vielen *Rechtskenntnisse* erhöht, die darin ausgestreut werden und die durch die Individualität des Falls, auf den man sie angewendet sieht, Klarheit und Interesse erhalten.

Die Unterhaltung, welche diese Rechtsfälle schon durch ihren Inhalt gewähren, wird bei vielen noch mehr durch die Behandlung erhöht. Ihre Verfasser haben, wo es anging, dafür gesorgt, die Zweifelhaftigkeit der Entscheidung, welche oft den Richter in Verlegenheit setzte, auch dem

48. Fähigkeit der Vorahnung. In der ursprünglichen Bedeutung ist Divination (lat.) eine übernatürliche Sehergabe.
49. eine durch List und Ränke herbeigeführte Verwicklung.
50. Machenschaften, tückische Anschläge.

Leser mitzuteilen, indem sie für beide entgegengesetzte Parteien gleiche Sorgfalt und gleich große Kunst aufbieten, die letzte Entwickelung zu verstecken und dadurch die Erwartung aufs Höchste zu treiben. [...]

[18]

Das Lesen von Kriminalromanen ist für Bertolt Brecht eine »intellektuelle Gewohnheit«. Er schätzt das Schema, das Variation innerhalb festgelegter Elemente zuläßt und dessen Ablauf ihn an naturwissenschaftliche Experimente erinnert. Freilich bereitet auch schon das Betrachten von handelnden Menschen Vergnügen, zumal wenn sich Abenteuerliches ereignet.

Aber der intellektuelle Genuß kommt zustande bei der *Denkaufgabe,* die der Kriminalroman dem Detektiv und dem Leser stellt.
Zunächst bekommt die Beobachtungsgabe ein Feld, auf dem sie spielen kann. Aus den Deformierungen der Szenerie wird der Vorgang aufgebaut, der sich abgespielt hat; aus dem Schlachtfeld wird die Schlacht rekonstruiert. Das Unerwartete spielt eine Rolle. Wir haben *Unstimmigkeiten* zu entdecken. Der Chirurg hat schwielige Hände, der Fußboden ist trocken, obwohl das Fenster offensteht und es geregnet hat; der Butler war wach, aber hat den Schuß nicht gehört. Dann werden die Zeugenaussagen kritisch gemustert: dies ist Lüge, das Irrtum. Im letzteren Fall beobachten wir sozusagen durch Instrumente, die ungenau registrieren, und haben die Grade der Abweichungen zu konstatieren. Dieses Beobachtungen-Anstellen, daraus Schlüsse-Ziehen und damit zu Entschlüssen-Kommen gewährt uns allerhand Befriedigung schon deshalb, weil der Alltag uns einen so effektiven Verlauf des Denkprozesses selten gestattet und sich für gewöhnlich viele Hindernisse zwischen Beobachtung und Schlußfolgerung sowie zwischen Schlußfolgerung und Entschluß einschalten. In den meisten Fällen

sind wir überhaupt nicht in der Lage, unsere Beobachtungen zu verwerten, es gewinnt keinen Einfluß auf den Verlauf unserer Beziehungen, ob wir sie machen oder nicht. Wir sind weder Herr unserer Schlüsse noch Herr unserer Entschlüsse.

Wir bekommen im Kriminalroman jeweils ausgezirkelte Lebensabschnitte vorgesetzt, isolierte, abgesteckte kleine Komplexe von Geschehnissen, in denen die Kausalität befriedigend funktioniert. Das ergibt genußvolles Denken. Nehmen wir ein einfaches Beispiel, diesmal aus der Kriminalgeschichte, nicht aus dem Roman. Der Mord ist vermittels Leuchtgas vollführt worden. Es kommen zwei Leute als Täter in Betracht. Der eine hat ein Alibi für Mitternacht, der andere für morgens. Die Lösung wird aus dem Fakt gezogen, daß ein paar tote Fliegen am Fenstersims gefunden werden. Der Mord ist also gegen Morgen erfolgt: die Fliegen befanden sich am erhellten Fenster – auf solche Weise können Fragen in bezug auf unser so verwickeltes Leben wirklich *entschieden* werden. [...]

Wir ziehen Vergnügen aus der Art, wie der Kriminalromanschreiber uns zu vernünftigen Urteilen bringt, indem er uns zwingt, unsere Vorurteile aufzugeben. Er muß dazu die Kunst der Verführung beherrschen. Er muß die in den Mord verwickelten Personen ebenso mit unsympathischen als mit attraktiven Zügen ausrüsten. Er muß unsere Vorurteile provozieren. Der menschenfreundliche alte Botaniker *kann* nicht der Mörder sein, läßt er uns ausrufen. Einem zweimal wegen Wilderns vorbestraften Gärtner ist alles zuzutrauen, läßt er uns seufzen. Er führt uns irre durch seine *Charakterschilderungen.*

Tausendmal gewarnt (nämlich durch die Lektüre von tausend Kriminalromanen), vergessen wir wieder, daß nur Motiv und Gelegenheit entscheiden. Es sind lediglich die gesellschaftlichen Umstände, die das Verbrechen ermöglichen oder nötig machen: Sie vergewaltigen den Charakter, so wie sie ihn gebildet haben. Natürlich ist der Mörder ein böser Mensch, aber das zu finden, müssen wir ihm eben den Mord anhängen können. Einen direkteren Weg zur Ausfindung seiner Moral zeigt der Kriminalroman nicht. So bleibt es bei der Aufspürung des Kausalnexus. Die Kausalität menschlicher Handlungen zu fixieren ist die hauptsächlichste intellektuelle Vergnügung, die uns der Kriminalroman bietet.

Im Alltag und in Existenzfragen funktioniert die Kausalität für uns »höchstens halbwegs«, meist »müssen wir uns mit Wahrscheinlichkeitsberechnungen« begnügen.

Zugleich können wir hier ein Denken benützen, das unser Leben in uns ausgebildet hat.

Wir kommen zu einem wesentlichen Punkt unserer kleinen Untersuchung, warum die intellektuellen Operationen, die uns der Kriminalroman ermöglicht, in unserer Zeit so überaus populär sind.

Wir machen unsere Erfahrungen im Leben in katastrophaler Form. Aus Katastrophen haben wir die Art und Weise, wie unser gesellschaftliches Zusammensein funktioniert, zu erschließen. Zu den Krisen, Depressionen, Revolutionen und Kriegen müssen wir, denkend, die ›inside story‹ erschließen. Wir fühlen schon beim Lesen der Zeitungen (aber auch der Rechnungen, Entlassungsbriefe, Gestellungsbefehle und so weiter), daß irgendwer irgendwas gemacht haben muß, damit die offenbare Katastrophe eintrat. Was also hat wer gemacht? Hinter den Ereignissen, die uns gemeldet werden, vermuten wir andere Geschehnisse, die uns nicht gemeldet werden. Es sind dies die *eigentlichen* Geschehnisse. Nur wenn wir sie wüßten, verstünden wir.

Nur die Geschichte kann uns belehren über diese eigentlichen Geschehnisse – soweit es den Akteuren nicht gelungen ist, sie vollständig geheimzuhalten. Die Geschichte wird *nach* den Katastrophen geschrieben.

Diese Grundsituation, in der die Intellektuellen sich befinden, daß sie Objekte und nicht Subjekte[51] der Geschichte

51. Begriffe aus der marxistischen Geschichtsbetrachtung, schon in Friedrich Hegels Geschichtsphilosophie vorgeprägt.

sind, bildet das Denken aus, das sie im Kriminalroman ge-
nußvoll betätigen können. Die Existenz hängt von unbekannten Faktoren ab. »Es muß irgendwas geschehen sein«,
»es zieht sich was zusammen«, »es ist eine Situation entstanden« – das fühlen sie, und der Geist geht auf Pa-
trouille[52]. Wenn überhaupt, dann kommt Klarheit aber erst
nach der Katastrophe. Der Mord ist geschehen. Was hat sich
da zuvor zusammengezogen? Was war geschehen? Was für
eine Situation war entstanden? Nun, man kann es vielleicht
erschließen.
Dieser Punkt mag nicht der entscheidende sein, er ist möglicherweise nur ein Punkt unter anderen. Die Popularität
des Kriminalromans hat viele Ursachen. Jedoch scheint mir
diese Ursache immerhin eine der interessantesten.

[19]
Kurt Seeberger *zweifelt an der Erklärung für die Populari-*
tät des Kriminalromans: daß der Leser es liebt, mit dem
Verstand eine Art Kreuzworträtsel zu lösen, ohne besondere
Beteiligung des Gemüts.

Zwar muß man zugeben, daß der Detektiv nur mit höchst
rationalen Mitteln und Methoden zum Ziele kommt, sei es,
um Ursache und Zeit der Untat festzustellen, die Mord-
waffe zu suchen, Fingerabdrücke zu analysieren, ausgeris-
sene Haare oder Textilfasern unter das Mikroskop zu legen,
Alibis zu kontrollieren, sei es, um sich das Motiv zu ver-
gegenwärtigen, das zur Tat geführt haben kann – aber
trotzdem spielt sich der Kriminalroman nicht in der Welt
des Rationalen ab, sondern in den Bereichen des Irrationa-
len. Diese Bücher lassen den Verstand mitspielen, nachdem
sie sich zuvor an das Gemüt gewendet haben. Gemüt: In-
begriff seelischer Triebe und Tendenzen. Viele Detektivgeschichten und Kriminalromane beginnen mit einer Bluttat,

52. Erkundungsgang einer Wache.

also mit dem schwersten Verbrechen. Es ist das schwerste, weil das Leben der Güter höchstes ist. Der Tod, an sich schon ein Mysterium[53], wird zu einer ungeheuerlichen Herausforderung, wenn er als Mord kommt; denn dieser Tod ist nicht von Gott oder den Unsterblichen geschickt, sondern wird dem Opfer von einem der unsrigen, Sterblichen, gegeben. Das ist eine Provokation, die nicht hingenommen werden kann.

Somit steht am Anfang vieler derartiger Geschichten das schwerste aller Rätsel: das Todesrätsel. Jäh wie ein Blitz in der Nacht schlägt der Verbrecher zu und taucht ins Dunkel zurück. Heimtückisch, hinterhältig, brutal wurde ein Leben ausgelöscht. Unschuldiges Blut wurde vergossen. Wer ist der Ungeheuerliche, der sich anmaßt, einem Unschuldigen das Leben zu nehmen? Diese Frage stellt sich der Seele. Die Seele verlangt, daß das Todesrätsel gelöst wird. Der Auftrag dazu ergeht an den Verstand. Der Verstand ist ein Spürhund[54], aber – der Kriminalroman ist Labyrinth und Dunkelheit, Empörung und Aufschrei, Angst, Qual und äußerste Betroffenheit: unschuldiges Blut wurde vergossen. Unschuldig vergossenes Blut aber schreit nach Rache. Tief in uns allen steckt der Trieb nach Vergeltung. Dieser Urtrieb scheint mir den ungeheuren Erfolg des Kriminalromans plausibel zu machen. Der Haß gegen den Gewalttätigen, der Trieb nach Rache sind die Motive, die die Kriminalliteratur so umfangreich ins Leben gerufen haben. Das sind keine christlichen Motive, sondern Urmotive. Aber sie sind verständlich: Indem uns der Kriminalroman mit dem Todesrätsel konfrontiert, das uns der unbekannte Verbrecher auferlegt, läßt er uns auch die Genugtuung genießen, die sich bei der Jagd nach dem Verbrecher einstellt.

53. lat., Geheimnis, trotz Offenbarung nicht faßbare Glaubenswahrheit.
54. Vgl. den englischen Ausdruck ›sleuth‹ [slu: θ] (Bluthund, Spürhund) für Detektiv.

Helmut Günther *wertet 1941 den Kriminalroman als Produkt der modernen Zivilisation, die den Menschen vom elementaren Leben entfernt und in der Großstadt ansiedelt. »Die vollendeten technischen Möglichkeiten, die vom Verkehr bis zum Genuß reichende Rationalisierung verschaffen dem Massenmenschen das Gefühl einer vollkommenen Souveränität über alle Kräfte der Natur und der Tiefe.«*[55]

Wir kommen damit zu den Beziehungen zwischen der Zivilisation und dem Kriminalroman. Die drei Momente, die wir für ihn als charakteristisch erkannt haben, decken sich genau mit den Tendenzen der Zivilisation: Der Traum des autonomen Menschen führt zwangsläufig zur Leugnung und Abtötung alles Bluthaft-Nationalen, zur Abwürgung alles Schicksalhaft-Tragischen. Das Ziel, dem der Kriminalroman letzten Endes zusteuert, ist die Sekurität[56], die den zivilisatorischen Tendenzen als Idealzustand vorschwebt. Der liberale Westen, die angelsächsischen Länder vor allem erzeugen die klassischen Vertreter des Kriminalromans.

Das Milieu des Kriminalromans ist jene Welt des Komforts und des Geldes, der der arrivierte[57], glatte, blasierte[58], sich frei und sicher fühlende, seelenlose Mensch der Zivilisation zugehört: Es handelt sich um einen Menschentypus, der zwar frei ist von der Bedrohung durch das Elementare, aber gerade deshalb die Seele verloren hat und so leicht von der bürokratisch-administrativen Maschinerie, deren das Kunstwerk der technischen Zivilisation bedarf, eingespannt werden kann; als Rädchen, als Funktionär. Dieser Mensch ahnt nichts mehr von den Schmerzen und Wonnen des Lebens, von den Höhen und Abgründen des Seins. Man ist modern und urban im Kriminalroman.

Aber man ist auch primitiv; wenn auch weit entfernt von

---

55. a. a. O., S. 490.
56. Sicherheit.
57. auf einer erfolgreichen gesellschaftlichen Stufe angelangt.
58. übersättigt, abgestumpft, gleichgültig.

jenen ursprünglichen Zuständen, die den vorindividuellen *homo divinans*[59] noch verbunden mit dem Ganzen sahen. Es handelt sich vielmehr um eine sekundäre Primitivität, die den Menschen nicht als allhaltiges Wesen ansieht, sondern einfach zu einem Kollektivwesen macht. Das ist ja das Paradoxe an der intellektentsprungenen Technik, daß sie ihren Urheber des Gesichtes beraubt und ihn wieder zu einem Elementarwesen zu machen versucht. Eine solche in Urtümlichkeit und seelenlosen Primitivismus umschlagende Zivilisation tritt nun im Kriminalroman zutage. Wallace[60] etwa, ist er ein Naturbursche, der technische Mittel beherrscht, oder ist er nur raffiniertes Gehirn, das gerade wegen dieser Einseitigkeit und Seelenlosigkeit jenem Neoprimitivismus anheimfällt? Diese merkwürdige Mischung von fortschrittlichem, arriviertem Zivilisationsbewußtsein und rudimentärer[61] Entwicklung der eigentlich humanen Schichten, diese Mischung von Barbarei und Urbanität, von Raffinesse des äußeren Scheins und Plumpheit des inneren Seins ist zweifellos ein deutliches Kennzeichen des Kriminalromans. Die Amerikaner sind nicht umsonst die begabtesten Produzenten dieser Literaturgattung.

Was dieser neoprimitiven Welt völlig fehlt, im Gegensatz zu echt primitiven Zuständen, sind Bindungen jeglicher Art.

[21]

Günter Waldmann *sieht den Kriminalroman als Zeichensystem, das thematisch die »vernunftmäßige Auflösung gedanklicher Probleme« behandelt. Diese »dauerhafte Blüte*

---

59. Der Autor versucht, einen früheren Menschentypus zu beschreiben: irrationale oder religiöse Geisteshaltungen herrschten vor (vgl. Anmerkung Nr. 48 S. 49), die Interessen und Werte des einzelnen Menschen standen noch nicht im Vordergrund.

60. Edgar Wallace (1875–1932), populärer englischer Krimiautor, vom bundesdeutschen Film in den 50er und 60er Jahren mit besonderer Aufmerksamkeit bedacht (»Der Hexer«, »Der Frosch mit der Maske«).

61. verkümmert, rückgebildet.

56

des Vernunftglaubens« liegt an der Oberfläche. Dazu kommt als formales Moment die überschaubare, kausal gefügte Welt mit einem Mittelpunkthelden, der das Bewußtsein vermittelt, »menschliches Handeln sei im Grunde individuelles, selbstgesetzliches Tun« – und nicht durch kollektive Mächte und Zwänge bestimmt.

Formen der Induktion[62] affirmativen[63] Bewußtseins. Die Ordnungswelt des Kriminalromans bietet sich konkret dar als übersichtlich in ›Gute‹ und ›Böse‹ geordnete Welt, in der die ›Bösen‹ unermüdlich Böses tun (warum eigentlich, auf Grund welcher z. B. sozialer Determinationen[64], bleibt unbefragt) und deshalb von den ›Guten‹ unablässig und notfalls rücksichtslos, ja brutal gejagt werden müssen (wozu, z. B. mit welchem erstrebten Resozialisierungseffekt für die Gejagten, wird nicht reflektiert): Um Jagd geht es also, genauer: um Menschenjagd, legitimiert durch die vorsichtshalber unbefragte Bösartigkeit der Gejagten! Dabei ist der Schauplatz dieser Menschenjagd, die Gut-Böse-Welt, ihrer konkreten Auslegung und Ausstattung nach im Grunde, hinter ihren gegebenenfalls aufgestellten Kulissen von interessanter Fremdartigkeit oder Abenteuerlichkeit, die vertraute Lebenswelt der Konsumenten mit ihren rechtlichen, staatlichen, moralischen Normen und Ordnungen, mit ihren Zwängen und Repressionen[65], vor allem mit ihren Gruppenvorurteilen und outgroup[66]-Setzungen, mit ihren Feindprojektionen und Sündenbockfixierungen, nur jetzt in ein

---

62. Hinführung, hier auch Auslösung, Verursachung. Die Vorstellung von elektrischer Induktion – der Erregung von Elektrizität in einem Leiter durch ein Magnetfeld – läßt sich als Metapher für Bewußtseinsvorgänge verstehen: der elektrische Leiter wäre das Bewußtsein des Lesenden, das in der Nähe bewegte Magnetfeld wäre die Lektüre.
63. bejahend, das Bestehende bestätigend; Gegenbegriff zu ›progressiv‹.
64. Festsetzung, unumgängliche Bestimmung durch Ursachen.
65. Unterdrückung, Hemmung von natürlichen Bedürfnissen.
66. Die Sozialpsychologie bezeichnet mit ›out-group‹ eine andere Gruppe als die, zu der man gehört (›in-group‹ oder Wir-Gruppe). Die Wir-Gruppe macht sich von einer fremden Gruppe meist ein Bild mit ganz bestimmten Eigenschaften (Stereotypen).

überschaubares Freund-Feind-Schema gebracht. Hier kann der Konsument seine durch Entsagung, Triebverzicht, durch Repressionen aufgestauten Aggressionen entladen: Der Kriminalautor S. S. Van Dine drückt es in der 19. seiner bekannten *20 Regeln für das Schreiben von Detektivgeschichten*[67] so aus, der Kriminalroman müsse »die Alltagserfahrungen des Lesers widerspiegeln und ihm ein gewisses Ventil für seine unterdrückten Wünsche und Gefühle verschaffen«. Er fungiert als dieses Ventil, indem er seine Leser zum Zuschauer manchmal extremer Brutalitäten und Perversitäten der ›Bösen‹ macht (man denke z. B. an die ursprüngliche Fassung von J. H. Chases *No Orchids for Miss Blandish*[68]), vor allem aber dadurch, daß er ihm mit seinen Helden und Super-Helden Identifikationsmodelle anbietet, die ihm Selbstbestätigung und im psychischen Raume der Selbstbestätigung ersatzweise Triebentladung ermöglichen: In der Identifikation mit der Gesetzeshüter-Rolle des Helden, die ihm erfreulicherweise unnachsichtige, gegebenenfalls bis zur Brutalität (z. B. Mickey Spillane) und zum Mord (z. B. James Bond)[69] gehende Verfolgung der ›Bösen‹ vorschreibt, ist ihm fast ungehemmte, im üblichen Normen-

67. Siehe S. S. Van Dine [13].
68. Als 1939 der Roman »No Orchids for Miss Blandish« (»Keine Orchideen für Miss Blandish«, Ullstein Kriminalroman Nr. 1085) von James Hadley Chase (1906–85) erschien, erfaßte ein Kritiker die darin enthaltenen Gewaltakte statistisch. Hier die Einzelheiten aussparende Übersicht (nach Julian Symons [16], a. a. O., S. 165): 22 Männer getötet, 16 Männer schwer verletzt, 5 Männer gequält, 5 Mädchen aufs Kreuz gelegt.
69. *Mickey Spillane:* vgl. III A, S. 73. – *James Bond:* Held in den Spionageromanen von Ian Fleming, vgl. III A, S. 74. Die ersten Verfilmungen unter Terence Young folgten den Büchern und ihren vom kalten Krieg geprägten ideologischen Mustern. Die Bond-Filme der 70er Jahre, von Guy Hamilton inszeniert, bieten naiven Stunt-Men-Zirkus in Comic-Strip-Manier und haben mit Fleming nur noch wenig Berührungspunkte.
Zum weiteren Bond-Studium: Kingsley Amis: Geheimakte 007 James Bond (The James Bond Dossier, 1965) Frankfurt a. M. u. Berlin 1966. (Ullstein Buch Nr. 550.) – Oreste del Buono u. Umberto Eco (Hrsg.): Der Fall James Bond, 007 – ein Phänomen unserer Zeit. München 1966. (dtv 360.)

system sistierte[70] und tabuierte[71], hier aber legitimierte Aggressivität erlaubt.

Die Bedeutung für den seelischen Haushalt des Konsumenten wie für die Gesellschaftssysteme, in denen er lebt, ist nicht leicht zu überschätzen. Im harmlosen Gewande der Befriedigung einfacher Unterhaltungsbedürfnisse leistet der Kriminalroman sehr viel mehr: Er etabliert eine Fluchtwelt, die von der bedrängenden Wirklichkeit ablenkt und den Impuls, sie zu verändern, abschwächt. In dieser Fluchtwelt werden soziale Verhaltensschemata, z. B. diejenigen Gruppenvorurteile und Feindprojektionen, die doch meist nur zur Kompensation eigener Repressionen indoktriniert[72] sind, eingeübt, aber die durch sie aufgebauten und durch Versagungen und Triebverzicht aufgestauten Aggressionen ersatzweise entladen: Durch Flucht aus der schlechten Wirklichkeit, durch Einübung ihrer manipulatorischen Verhaltensschemata in ihrem fiktionalen[73] Doppelbild, durch ersatzweise Entladung von den durch sie erzeugten Aggressionen wird diese schlechte Wirklichkeit bestätigt und befestigt: affirmiert. Das Zeichensystem des Kriminalromans signifiziert[74] eine rational strukturierte Fluchtwelt des ordo[75], innerhalb derer im Medium von Ersatzbefriedigungen affirmatives Bewußtsein induziert wird.

Der Kriminalroman ist ein problematisches, vielleicht gefährliches Produkt unserer Bewußtseins-Industrie; und es drängt sich auf, nach literarischen Alternativen zu suchen.

---

70. unter Verschluß, von einer Behörde festgehalten.
71. zum Tabu – also für unantastbar – erklärt.
72. als starre Lehre beigebracht.
73. erdichtet, im Roman vorhanden.
74. mitteilen, Bedeutung tragen, ausdrücken.
75. lat., Ordnung; geschlossenes Weltbild, Gesellschaftsordnung.

[22]

Der Detektivroman wird von Zdenko Škreb *literatur- und
kulturgeschichtlich durchleuchtet. Der Vergleich der Gattung
mit ›einfachen Formen‹ (im Sinn von André Jolles) wie
Legende, Mythe, Märchen läßt den Zusammenhang zwischen literarischem Schema und gesellschaftlicher Funktion
deutlich werden.*

Das Schema des Detektivromans befriedigt das menschliche
Erlösungsbedürfnis in einer für das durchschnittliche Gei-
stesvermögen undurchschaubaren Welt des Grauens. So wie
der Gläubige auch inmitten des widrigsten Geschehens auf
die geheimen Wege der göttlichen Vorsehung vertraut, so
der Leser der Detektivgeschichte auf den durch die überragenden Fähigkeiten des menschlichen Intellekts erschließ-
baren logischen Zusammenhang der Welt. Die Detektivgeschichte ist zeitgenössische säkularisierte[76] Erlösungs- und
Erbauungsliteratur. Da es aber in ihr um Erlösung in der
Welt der Gegenwart geht, da es sich um *ihre* Auffassung
und Durchschaubarkeit handelt, *kann die Detektivgeschichte,
wenn sie den Sinn ihres Schemas erfüllen will, sich nur in
der Gegenwart abspielen.*
Es darf nun, vom erreichten Überblick über die in den verschiedenen Fragen aufgeworfenen Probleme aus, eine For-
mulierung des Schemas der Detektivgeschichte versucht werden: *Ein rätselhaftes Ereignis, das teils tiefe Besorgnis, teils
würgende Angst, zumeist aber lähmendes Grauen auslöst,
wird durch die dem Durchschnitt weit überragende Denk-
tätigkeit eines häufig als Sonderling geschilderten Menschen,
der zumeist Detektiv ist, völlig aufgeklärt, worauf die Betroffenen von Besorgnis, Angst, Grauen erlöst und befreit
werden.*
Das derart definierte Schema bestimmt weitgehend sowohl
die Menschendarstellung wie auch die Handlungsführung
und den weltanschaulichen Grund der Detektivliteratur. So

---

76. verweltlicht, vom heiligen in den profanen Bereich übertragen.

weitgehende Schematisierung eines literarischen Erzeugnisses muß dieses normal zu Trivialliteratur werden lassen, erlaubt dem Werk gemeinhin nicht, sich zum vollgültigen Kunstwerk auszubilden. [...]

Die Umwelt der Detektivgeschichte muß so ›realistisch‹ wie möglich geschildert werden, das steht fest als allgemeine Forderung; der Verweser des allmächtigen menschlichen Intellektes, der Gottesersatz Detektiv, muß aber trotz allen realistischen, auch exzentrischen Zügen, unfehlbar sein in seinen Schlußfolgerungen und in der Lösung seiner Aufgaben, mag er auch einzelne Mißgriffe in seiner Karriere zugeben, wie Sherlock Holmes – diese Mißgriffe werden aber nicht zu Detektivgeschichten ausgestaltet. *Unfehlbarkeit aber ist nicht realistisch* – sie kann einem Barockhelden zukommen, nicht aber einem mit Stilzügen des Realismus geschilderten Menschen, mit wie überragenden geistigen Fähigkeiten er auch begabt sein mag. *Dieser tiefe, unlösbare und unaufhebbare innere, im Schema der Detektivgeschichte selbst enthaltene Widerspruch untersagt dem Verfasser von Geschichten, die auf diesem Schema aufgebaut sind, den Aufstieg zum echten, einmaligen Kunstwerk.*

[23]

»Blut und Leichen zu kleinen Preisen« war ein Artikel von Ingeborg Zaunitzer-Haase *im Wirtschaftsteil der »ZEIT« vom 15. Oktober 1971 überschrieben. Die Kriminalromanproduktion der bundesdeutschen Verlage wird von der geschäftlichen Seite her beleuchtet. Das Geschäft steht zuweilen an Härte den Krimis nicht nach.*

Sein Image ist blutig, sein Spitzname ›Leichen-Flesch‹. Wenn er guter Stimmung ist, macht er aus dem F in seiner Unterschrift einen Galgen. Richard K. Flesch, Verlagsleiter beim Rowohlt Verlag, ist Herausgeber der Kriminalroman-Taschenbuch-Reihe *rororo thriller*. 225 Titel erschienen in den knapp zehn Jahren seit Gründung dieser Reihe. Zur

Zeit kommen alle zwei Monate fünf neue Titel hinzu. Die Gesamtauflage dieser Blut- und Leichenwerke erreichte bisher etwa 4 850 000 Exemplare.

Kaum mehr als zwanzig dieser Titel waren deutsche Originalveröffentlichungen. Rund zwei Drittel wurden aus dem Englischen oder Amerikanischen übersetzt. »Ein Mord in der Lüneburger Heide interessiert die Leute nun einmal nicht so sehr wie ein Mord in London oder New York«, sagte Flesch. Und seine Kollegin und stärkste Konkurrentin, Jutta Wannemacher, von Springers Ullstein-Verlag bestätigt: »Ich habe es aufgegeben, mit deutschen Autoren zu experimentieren. Sie sind in diesem Markt meist entweder subjektiv oder objektiv zu uninteressant.«

Immerhin hat ausgerechnet ein deutscher Bürger Bestsellerauflagen bei rororo erzielt und dabei gelegentlich sogar das in dieser speziellen Branche seltene Kunststück vollbracht, die Grenze vom Handwerk zur Literatur zu überschreiten: Hansjörg Martin wurde nahezu 250 000mal gedruckt.[77] Frank Arnau, einziger Deutscher im Ullstein-Krimi-Sortiment, erreichte dagegen bei weitem nicht solche Auflagenhöhe.

Überhaupt sind ›Bestseller‹ wie die Krimis des US-Autors Harry Kemelman (Auflage über 250 000) oder des schwarzhäutigen Amerikaners Chester Himes (etwa 140 000) in dieser Branche selten. Meist drängen sich Erstauflagen unter 20 000 Stück in Kiosks und Buchhandlungen; Zweitauflagen sind schon Ausnahmen. Rororo druckt beispielsweise zuerst rund 17 500 Stück eines Titels, Goldmann macht es um die 15 000, Ullstein startet mit knappen 20 000 und Heyne findet seine Kostenrechnung bei etwa 16 000 Exemplaren.

Diese vier Namen sind denn auch schon die ›größten‹ am oligopolistisch[78] gegliederten deutschen Taschenkrimi-Markt. Eine Umfrage bei Bahnhofsbuchhändlern – den Umsatz-

---

77. Auch Friedhelm Werremeier nimmt einen beachtlichen Platz im rororo-Angebot ein. Sein »Tatort«-Hauptkommissar Trimmel bekam Starthilfe vom Fernsehen.

78. Der Markt wird nur von wenigen Anbietern beliefert.

löwen bei dieser Gattung Literatur – ergab geschätzte Marktanteile:

Ullstein 40 Prozent (bei monatlich fünf neuen Einzelbänden und einem Doppelband);

Goldmann 25 Prozent (bei monatlich acht Neuerscheinungen);

Rowohlt 15 Prozent (bei zwei bis drei neuen Bändchen im Monat);

Heyne 10 Prozent (dabei jeden Monat drei neue Titel).

Die restlichen zehn Prozent des Marktes teilen sich kleinere Reihen wie Scherz mit seinen Phönix-Shockern oder Kurt Desch mit seinen Mitternachtsbüchern.

Obgleich die Struktur des nach Millionen zählenden deutschen Leserpublikums soziologisch nicht erforscht ist (Flesch: »Es sieht so aus, als handele es sich dabei um eine exakte Wiedergabe der sozialen Schichtung in der Bundesrepublik«), bemüht sich jede bedeutende Taschenkrimi-Reihe um eigenes unverwechselbares Profil in Aufmachung und Qualität. Ullstein gilt als Spezialist für ›harte‹ Amerikaner. Die Lieblingsautoren der Reihe sind etwa James Hadley Chase, Carter Brown und jener Mike Spillane, der in den fünfziger Jahren gelegentlich auf die Liste jugendgefährdender Schriften geriet, oder James Cain, der vom Verlag – als Präzedenzfall – vor dem Bundesverwaltungsgericht freigekämpft wurde.

Rowohlt bringt Spannung mit literarischem Anflug. Goldmann setzt auf Klassiker wie Edgar Wallace, Agatha Christie – auch auf Earl Stanley Gardner oder (umschichtig mit Ullstein) auf Rex Stout, den Erfinder des Detektivkolosses Nero Wolfe. Der kalkulationsbedingte Zwang zur Aufrechterhaltung des Quantitätsstandards (acht Neuerscheinungen im Monat) zwingt jedoch zu gelegentlichen Zugeständnissen beim Qualitätsstandard. Wenn die erste Autorengarnitur nicht ausreichend Material produziert, muß hier und da die zweite Garnitur in die Breschen springen.

Heyne leidet zur Zeit ein wenig unter Profilneurose. Georges Simenons Kommissar Maigret bringt keine Massenumsätze. So wird viel mit neuen Autoren gearbeitet wie John MacDonald, Robert Crawford, Michel Lebrun. Reihenchef Werner Müller-Reymann meint: »Wir leiden unter der Crux aller Verlage: Die Zeit der großen Kriminalautoren scheint vorbei zu sein.«

In Wahrheit ist nicht die Zeit, sondern die Gelegenheit vorbei: Als mit dem Ende des Zweiten Weltkrieges auch das Ende des Lizenzverbots anbrach, gab es für Krimiverlage selige Zeiten. »Wir hatten einen halben Meter Carter Brown«, erinnert sich Jutta Wannemacher, »heute sind die Reserven so gut wie aufgebraucht.«

So versucht Ullstein sich zu behelfen, indem in Doppelbänden ein bekannter mit einem noch unbekannten Autor zusammengebunden wird. »Aber«, sagt Frau Wannemacher, »Newcomer zu lancieren[79], ist ein schwieriges Geschäft.«

Nicht nur aus diesem Grund ist das Geschäft mit Taschenkrimis kompliziert. Der harte Kampf um Anteile eines kaum elastischen Marktes (Ullstein-Verlagsleiter Wolfgang Richter: »Der Kuchen ist nicht beliebig zu vergrößern«) zwingt zu scharfen Kalkulationen. Dabei ist das Verfahren in allen Verlagen ähnlich:

Kalkulationsgrundlage ist der feststehende, gebundene Ladenpreis. Bei den Goldmann-Krimis beträgt er drei Mark, bei Ullstein, Rowohlt, Heyne 2,80 Mark. Dieser Festpreis wird gleich hundert Prozent gesetzt. Abgezogen wird die Mehrwertsteuer von 5,5 Prozent. Vom verbleibenden Warenpreis werden nun die Rabatte der Groß- und Einzelhändler berechnet. Diese Rabatte sind – je nach Abnahmemenge – sehr unterschiedlich. Faustregel: Großhändler erhalten 45 bis 50 Prozent, Einzelhändler – sofern sie von Grossisten beziehen – 25 bis 30 Prozent. Wer vom Verlag direkt bezieht – wie die großen Bahnhofsbuchhandlungen – bekommt einen Mischrabatt, der um etwa 40 Prozent liegen dürfte.

Bei Direktbezügen von den Verlagen werden normalerweise

79. Pressejargon: einen unbekannten Autor auf den Markt – und in Mode – bringen.

Mindestmengen festgesetzt. Überdies vereinbaren die meisten Buchhändler – im Fachjargon Sortimenter genannt – ›Fortsetzungsbezüge‹. Das heißt: Sie verpflichten sich, alle Bücher einer Reihe regelmäßig abzunehmen. »Diese Fortsetzungsbezüge sind die Korsettstangen der verlegerischen Kalkulation«, sagt Krimiexperte Flesch.

Nach allen diesen Abzügen bleibt der Nettopreis des Taschenbuches übrig. Dieser Nettopreis pro Exemplar ist der Umsatz des Verlages. Er muß die Kosten decken. Wichtigste Kostenfaktoren:

– das Autorenhonorar;
– die Herstellungskosten (sie enthalten auch das Honorar für die Übersetzung, für den Umschlagentwurf, für Papier, Druck);
– anteilige Verwaltungskosten (von den Gehältern der Verlagsangestellten bis zum Bleistift und zur Briefmarke).

Von den Autorenhonoraren in der Taschenkrimibranche ist noch kein Schreiber reich geworden. Relativ am besten bezahlt Heyne: Seine Krimiautoren bekommen ungefähr 2400 bis 2700 Mark für 160 bis 180 Druckseiten. Dieses Honorar deckt eine Garantieauflage um 20 000 Stück.

Goldmann pflegt ausländischen Autoren durchschnittlich 1350 für 15 000 gedruckte Exemplare zu zahlen. Geht das Buch so gut, daß sich ein Nachdruck lohnt – der bei mindestens 5000 Exemplaren liegt – so erhält der Autor weitere 8 bis 9 Pfennig für jedes Stück, das die Erstauflage von 15 000 überschreitet. Es gibt aber auch – meist unbekannte, deutsche – Autoren, die mit erheblich geringeren Honoraren vorliebnehmen müssen. Einem jungen Mann beispielsweise, der kürzlich sein ›Erstlingswerk‹ offerierte, bot Goldmann für 260 Schreibmaschinenseiten ganze 500 Mark.

Ullstein zahlt seinen Krimiautoren rund 2100 Mark für bis zu 30 000 gedruckte Exemplare. Rowohlt-Honorare dürften etwa in der gleichen Größenordnung liegen. Desch gibt fünf Prozent des Verkaufspreises und zahlt bei Vertragsabschluß einen Vorschuß von tausend Mark. Faustregel und Durchschnitt aller Krimiverlage: 1500 Mark Honorar für je

15 000 Druckexemplare. Zahlungsweise: erste Hälfte bei Vertragsabschluß, zweite Hälfte bei Erscheinen des Buches. Nebenrechte wie Einnahmen für Fernsehbearbeitungen oder Zeitungsvorabdrucke werden meist etwa im Verhältnis 50 : 50 oder 40 : 60 zwischen Verlag und Autor geteilt. Diese Nebenrechte gewinnen als Einnahmequelle ständig an Bedeutung.

Fast alle ausländischen Autoren müssen etwa zehn Prozent ihrer Honorare – die Steuern nicht gerechnet – wieder abliefern, und zwar an ihre Agenten. Kaum ein amerikanischer, englischer oder französischer Krimiautor verhandelt direkt mit seinem deutschen Verlag. Die Agentur ist von Anfang an ausschließlich Partner des Verlegers.

In Zürich sitzen jene drei literarischen Agenturen, mit denen fast alle deutschen Taschenkrimiverleger ständig arbeiten. Es sind die Großagenturen Mohrbooks, Lindner AG und Dr. Ruth Liepmann. Alle drei sind Dauerlieferanten prominenter US-Kriminalautoren.

Andere große Agenturen, wie zum Beispiel Curtis-Brown in London, haben Untervertreter, unter anderem auch in der Bundesrepublik. Diese Agenturen und Subagenten sind auch die Hauptinformanten der deutschen Taschenkrimiverleger. Freilich informieren sie stets nur über die Werke der von ihnen vertretenen Autoren. Die Option[80] auf ein bestimmtes Werk, die sie den Verlegern bieten, ist meist nur kurz. Wer sich nicht binnen zwei Wochen entschieden hat, muß damit rechnen, daß das Werk von einem anderen Verlag erworben wird.

Die meisten Verleger verlassen sich aber nicht ausschließlich auf die internationalen Agenturen. Sie stellen eigene Recherchen an. Ihre Vermittler sitzen überall: in den USA, in England, Frankreich, Italien. Sie heißen ›Scouts‹ und haben die Aufgabe, deutsche Verlage schnell – möglichst noch vor Erscheinen eines Buches im Heimatland des Autors – über

80. dem Kunden vertraglich zugesichertes Recht, etwas unter bestimmten Bedingungen zu einem bestimmten Preis erwerben zu können; Vorkaufsrecht.

Stil und Inhalt zu unterrichten. Die ›Scouts‹ sind meist freiberuflich tätig und kassieren für ihre Mühen mäßige Pauschalhonorare. Andere Verlegerinformanten sind Dienste wie die Börsenblätter des deutschen Buchhandels oder ›vertrauliche‹ Mitteilungen wie der *Virginia-Kirkus-Report*.

Ist ein Krimi in der Originalsprache in die Hände des deutschen Thriller-Herausgebers gelangt, so gilt dessen erster Blick der Länge. Ein Taschenkrimi darf eine bestimmte Länge nicht überschreiten. Oft sind Kürzungen nötig. Die Erlaubnis dazu muß über die Agenten – oft mühsam – hereingeholt werden.

Zweiter Blick des Krimiverlegers: der Copyrightvermerk. Er liefert den Beweis für das Alter des Erzeugnisses (Jahreszahl) und zeigt an, wo die Rechte liegen. Dritte Vorbereitungsmaßnahme des Krimiverlegers: Er läßt ein Kurzgutachten über Inhalt, Besonderheiten, Übersetzbarkeit des Werkes anfertigen. Gutachter sind entweder Verlagsangestellte oder Honorarempfänger (20 bis 100 Mark für zwei bis fünf Schreibmaschinenseiten).

Anschließend tritt der Übersetzer in Aktion. Für die Übersetzung eines Kriminalromans aus einer ›gängigen‹ Sprache wie Englisch oder Französisch werden mindestens 700 bis 800 Mark (Goldmann) und höchstens etwa 1200 bis 1300 Mark (Rowohlt) bezahlt. Auch an den Nebenrechten sind die Übersetzer manchmal zu einigen Prozenten beteiligt.

Den Titel macht ein so gewiegter Marktkenner wie Richard Flesch meist selbst. Hat er eine zugkräftige Schlagzeile produziert, so ist sie noch keineswegs druckreif. Vielmehr wird zunächst ein bibliographisches Auskunftsbüro eingeschaltet: das Büro Gracklauer in Niederaula bei Hersfeld. Hier wird an Hand eines umfassenden Verzeichnisses überprüft, ob es den gewählten oder einen ähnlichen Titel bereits gibt. Ist alles in Ordnung, dann wird die Schlagzeile im Börsenblatt des Buchhandels per Titelschutzanzeige veröffentlicht. Erst jetzt kann der Einband entworfen werden.

Das Manuskript selbst ist unterdessen längst im Satz. Handelt es sich um einen rororo thriller, so hat die Deutsche Pfandbriefanstalt – die irgendwo an passender Stelle eine Anzeige unterbringt – schon längst das Manuskript gelesen und die günstigste Anzeigenstelle herausgesucht.

Andere Taschenkrimiverlage bringen in ihren Büchern nur eigene Verlagsanzeigen – es sei denn, ein Titel wurde von einem anderen Verlag gekauft: dann steht auch diesem Hause meist eine ›Freiseite‹ für Eigenanzeigen zu.

Der Wettbewerb am Taschenkrimimarkt ist überaus stark. Konkurrenten dieser Buchform sind nicht sosehr die Herausgeber fest gebundener Bücher (solche gibt es nur noch selten in dieser Branche). Hauptkonkurrenz ist der Groschenroman zu 80 oder 90 Pfennig, der – wie Zeitschriften vertrieben – die Kioske überschwemmt und in Ferienorten in großen Mengen ›vertilgt‹ wird. Allein der Bastei-Verlag (Gustav Lübbe) warf bisher bereits über 200 Millionen Hefte auf den Markt, rund 130 Titel im Jahr. Haupthcld des Autorenteams des Bastei-Verlages ist der Agent Jerry Cotton (zu deutsch Jeremias Baumwolle).

Aber alle Massenanstrengungen nützen wenig: Von den Erstausgaben der Taschenbuchkrimis werden allenfalls zehn Prozent umgetauscht. Der Remittendensatz[81] bei ›Groschenkrimis‹ erreicht dagegen bis zu zwei Drittel der Erstauflagen, die meist zwischen 120 000 und 140 000 Exemplaren liegen. Groschenhefte werden aber immer wieder ›wie neu‹ in den Markt geschickt – in deutsche Kioske und in ausländische Feriengebiete.

Und im Ausland liegt auch noch eine Chance für eine Ausweitung des Marktes, gerade für Taschenkrimis der anspruchsvolleren Kategorien. Richard Flesch meint dazu: »Im Urlaub wird immer mehr gelesen. An uns ist es, geeigneten, möglichst wertvollen und dabei spannenden Stoff für Ferienmacher zu liefern.« [...]

---

81. nicht verkaufte Exemplare, die vom Buchhändler an den Verlag zurückgeschickt werden.

III. Arbeitsvorschläge

A. Orientierung über Kriminalromane mit Serienfiguren

Autor	Detektiv / Kommissar (Begleiter) Typologisches Stichwort zur Hauptfigur oder Schreibtechnik
Edgar Allan Poe (1809–49)	Chevalier Auguste Dupin (Ich-Erzähler, Freund) 1841 Prototyp des Amateurdetektivs, Analytiker, verachtet die Polizei
Emile Gaboriau (1835–73)	Polizeibeamter Lecoq (Gevrol, Chef der Sûreté; dümmliche Assistenten) ab 1866
Arthur Conan Doyle (1859–1930)	Sherlock Holmes (Dr. Watson, Freund) ab 1887 berühmtester Meisterdetektiv, Kunst der Kombination, Exzentriker
Maurice Leblanc (1864–1941)	Arsène Lupin ab 1907 Gentleman-Einbrecher und Detektiv
R. Austin Freeman (1862–1943)	Gerichtsanwalt Thorndyke (Dr. Christopher Jervis, Freund) ab 1907 trockener Wissenschaftler
Jacques Futrelle (1875–1912)	Prof. S. F. X. van Dusen 1907 Detektiv als übermenschliche Denkmaschine

Gilbert Keith Chesterton (1874–1936)	Pater Brown (Gott?) ab 1911 Detektivarbeit als Nebenprodukt priesterlicher Tätigkeit. Vernunft metaphysisch begründet. Kontrast-Image zu Holmes
Edmund Clerihew Bentley (1875–1956)	Mr. Trent 1912 Versuch, der Humorlosigkeit der Gattung abzuhelfen
A. E. W. Mason (1865–1948)	Kriminalinspektor Hanaud von der Sûreté (Mr. Ricardo)
Agatha Christie Pseudonym für Agatha Mary Clarissa Mallowan (1890–1976)	Hercule Poirot (Captain Hastings) ab 1920 belgischer, eitler Amateurdetektiv in angelsächsischer Umwelt. Strenges Faktenpuzzle, flüssiger Dialog
Dorothy Leigh Sayers (1893–1957)	Lord Peter Wimsey (Bunter, Butler) ab 1923 aristokratischer Snob Handlungsaufbau perfekt, Erzählton und -tempo manchmal pompös
Anthony Berkely Cox (1893–1971) 1931 Neubeginn unter Pseudonym Francis Iles	Privatdetektiv Roger Sheringham 20er Jahre Humor, Täuschbarkeit. Leichte, karikaturistische Erzählweise Rätselschema umgangen, Täter von Anfang an bekannt
Freeman Wills Croft (1879–1957)	Inspektor French von Scotland Yard 30er Jahre Alibis durch Fahrpläne
S. S. Van Dine Pseudonym für den Amerikaner	Philo Vance (Staatsanwalt John F. X. Markham) ab 1926

Willard Huntington Wright (1888–1939)	affektierter Snob, seine enzyklopädische Gelehrtheit kommt den Fällen zustatten
John Dickson Carr Amerikaner (1905–77) schreibt auch unter Pseudonym Carter Dickson	Dr. Gideon Fell 30er Jahre Vorwiegend ›Locked-Room-Mysteries‹. Schauerelemente als Kontrast zu Agatha Christie Sir Stanley Merrivale
Ellery Queen Pseudonym für amerikanisches Autorengespann Frederic Dannay (geb. 1905) und Manfred B. Lee (1905–71)	Ellery Queen (Inspektor Richard Queen, sein Vater) 30er Jahre Verfasser von Detektivgeschichten deckt selbst Verbrechen auf Gipfel rationaler Deduktion, perfekte Überraschungen als Auflösung
Erle Stanley Gardner (1889–1970) schreibt auch unter Pseudonym A. A. Fair	Strafverteidiger Perry Mason ab 1932 Große Szenen im Gerichtssaal. Uhrwerk aus juristischen, medizinischen und kriminaltechnischen Fakten Detektivgespann Bertha Cool und Donald Lam Mehr Raum für Amüsantes
Rex Todhunter Stout (1886–1975)	Privatdetektiv Nero Wolfe (Archie Goodwin, streitbarer Assistent) Gehirn-Koloß am Schreibtisch, Feinschmecker und Orchideenkenner Dialogfeuerwerk überstrahlt die Handlung
F. R. Lockridge Richard Lockridge (geb. 1898) und seine Frau Frances Louise Davis	Pamela North und Gerald North ab 1936 New Yorker Ehepaar wird in Kriminalfälle verwickelt

Margery Allingham Pseudonym für Mrs. Philip Youngman Carter (1904–66)	Albert Campion (Magersfontein Lugg, Diener, Cockney) ab 1934 Detektiv von adeliger Herkunft, aber bereits ›normal‹, fehlbar Klassische Krimi-Tradition, reale Umwelt ansatzweise berücksichtigt
Ngaio Marsh Neuseeländerin (1899–1982)	Inspektor Roderick Alleyn (Detektivinspektor Fox) ab 1934 Wie bei M. Allingham Wirklichkeit teilweise im Blickfeld
Arthur William Upfield Australier (1888–1964)	Kriminalinspektor Napoleon Bonaparte, auch ›Bony‹ genannt 30er Jahre Halbblut geht auf Spurensuche in australischer Landschaft
Georges Simenon (1903–89)	Kommissar Jules Maigret ab 1930 Chef der Pariser Kriminalpolizei, versenkt sich einfühlend ins Kleinbürgermilieu zwischen Hauptstadt und äußerster Provinz
Nicholas Blake Pseudonym für Cecil Day Lewis (1904–72)	Amateurdetektiv Nigel Strangeways ab 1935 profitiert von den literaturwissenschaftlichen Kenntnissen seines Oxforder Erfinders
Michael Innes Pseudonym für John Innes Mackintosh Stewart (1906–94)	John Appleby of Scotland Yard 1937 Gelehrte, witzige Oxford-Konversation
Edmund Crispin Pseudonym für Robert Bruce Montgomery (1921–78)	Gervase Fen nach 1945 Literaturprofessor, nur noch Schatten der ›großen Detektive‹, dennoch originell

Patrick Quentin Pseudonym für Richard Wilson Webb und Hugh Callingham Wheeler (1912–87)	Peter Duluth, Theaterproduzent 50er und 60er Jahre Verflachung der Detektivfigur zum all- täglichen Typ
Dashiell Hammett (1894–1961)	Detektiv Sam Spade 1930 Einzelkämpfer in der Großstadt, von Geldsorgen geplagt, ›hardboiled‹ Präziser Stil, Aktionstempo
Raymond Chandler (1888–1959)	Privatdetektiv Philip Marlowe 1939 Weiterführung des ›hartgesottenen‹, lako- nischen Kämpfertyps mit moralischem Anspruch in korrupter Umgebung
William Faulkner (1897–1962)	Gavin Stevens 1948
John Ross Macdonald Pseudonym für Kenneth Millar (1915–83) Mann der Autorin Margaret Millar	Privatdetektiv Lew Archer ab 1949 Aus der Chandler-Schule. Ekstatische Metaphern verwandeln Kalifornien alptraumhaft
Reginald S. Peter Cheyney (1896–1951)	Privatdetektiv Lemmy Caution ab 1936 steht auf der ›richtigen‹ Seite und weidet sich an brutalen Sadismen
Mickey (Frank M.) Spillane (geb. 1918)	Detektiv Mike Hammer ab 1951 Verbrechensverfolgung als Vorwand für Machtgelüste, Gewaltakte, Sexualität. Vorbilder: die Lemmy-Caution-Romane von Cheyney und »No Orchids for Miss Blandish« (1939) von James Hadley Chase

Ian (Lancaster) Fleming (1908–64)	James Bond ab 1953 britischer Geheimagent, ›licenced to kill‹, Kennummer 007
Friedrich Dürrenmatt (1921–90)	Kommissar Bärlach 1952 Moralisches Welttheater in der Gestalt des Kriminalromans
The Gordons Autorenehepaar Mildred und Gordon Gordon (beide geb. 1912)	Der Polizeiapparat des FBI Mitte der 50er Jahre
Ed McBain Pseudonym für Evan Hunter (geb. 1926)	Steve Carella, Meyer Meyer ab 1955 Kriminalbeamte des 87. Polizeireviers, führen die Faszination polizeilicher Routinearbeit vor
Carter Brown Pseudonym für Alan Geoffrey Yates (1923–85)	Polizeileutnant Al Wheeler 50er und 60er Jahre
J. J. Marric Pseudonym für John Creasy (1908–73)	Commander George Gideon von Scotland Yard ab 1955 Polizeiroman. Mehrere Fälle miteinander verwoben
unter richtigem Namen	Inspektor West
Elisabeth Linington (1921–88)	Kriminalbeamter Ivor Maddox und seine Kollegen 60er Jahre Polizeiroman
Chester Himes (1909–84)	›Coffin‹ Ed Johnson und ›Grave Digger‹ Jones ab 1959

	schwarze Kriminalbeamte. Grimmiger Humor und gewaltreiche, schießfreudige Aktion in Harlem
John Ball (1911–88)	Virgil Tibbs 60er Jahre schwarzer Detektiv verfolgt weiße Verbrechen
Emma Lathen Pseudonym für Mary J. Latis und Martha Hennissart	John Putnam Thatcher ab 1961 Vizepräsident einer Wall-Street-Bank
John (Dann) MacDonald (1916–87)	Rettungsexperte Travis McGee 60er Jahre Chandler-Nachklang
Colin Watson (1920–83)	Harcourt Chubb 60er Jahre Leiter der Polizeidienststelle des Städtchens Flaxborough. Rätsel mit Humor
Joyce Porter (1924–90)	Chefinspektor Dover (Sergeant MacGregor) ab 1964 urkomischer, fetter, fauler Grobian
H. R. F. Keatings (geb. 1926)	Inspektor Ghote von der Polizei in Bombay ab 1964 reagiert naiv und schlau auf fremde Umwelt
Nicolas Freeling (geb. 1927)	Inspektor Van der Valk ab 1962 holländischer Maigret, sucht Verbrechensursprung durch Charakterstudien
Harry Kemelman (1908–96)	Rabbi David Small ab 1964

Peter Wahlöö	Kommissar Martin Beck
(1926–75)	ab 1965
mit seiner Frau	Auseinandersetzung mit Randerscheinun-
Maj Sjöwall	gen der schwedischen Sozialordnung
(geb. 1935)	
Friedhelm Werremeier	Hauptkommissar Paul Trimmel
(geb. 1929)	ab 1970
	»Tatort«-Original aus Hamburg
– ky –	Oberkommissar Hans-Jürgen Mannhardt
Pseudonym für	und andere
Horst Bosetzky	ab 1972
(geb. 1938)	Angewandte Soziologie im Berliner Um-
	gangston
Felix Huby	Hauptkommissar Ernst Bienzle
Pseudonym für	ab 1977
Eberhard Hungerbühler	schwäbischer Querkopf mit Intuition
(geb. 1938)	und gutem Weingeschmack
Ruth Rendell	Chiefinspektor Wexford
(geb. 1930)	ab 1964
	Väterlicher, traditioneller Detektiv stößt
	an Tabugrenzen
	außerdem: Psychothriller ohne Wexford
schreibt auch unter	Komplexe Romane über seelische Ab-
Pseudonym Barbara Vine	gründe
Donna Leon	Commissario Guido Brunetti
(geb. 1942)	ab 1992
	Der unkonventionelle und liebenswerte
	Ermittler kennt Venedig in- und auswen-
	dig

B. Lektürevorschlag

Eine typologische Reihe zur vergleichenden Analyse von Kriminalromanen. Die Gattung läßt sich mit fünf Typen überblicken. Bei Zeitknappheit können die eingeklammerten Typen in

Einzel- oder Gruppenarbeit behandelt werden. Die empfohlenen Beispiele sind je nach Vorliebe und Erreichbarkeit von Büchern auszuwählen und abzuändern.

(Typ I – *Modelle*)
Edgar Allan Poe: The Murders in the Rue Morgue / Die Morde in der Rue Morgue. Engl./Dt. Reclams UB 2176.
Edgar Allan Poe: The Purloined Letter / Der entwendete Brief. In: The Black Cat / Die schwarze Katze. Engl./Dt. Reclams UB 1703.
Arthur Conan Doyle: Im Zeichen der Vier. Scherz Krimi 1668.

Typ II – *Klassische Fakten-Puzzles mit großem Detektiv*
Agatha Christie: Das fehlende Glied in der Kette. Scherz Krimi Klassiker 988.
Agatha Christie: Alibi. Goldmann Taschen Krimi 43950.
S. S. Van Dine: Mordfall Bischof. DuMonts Kriminalbibliothek 1006.

(Typ III – *Modifikationen*)
Agatha Christie: Zehn kleine Negerlein (früher auch: Letztes Wochenende). Scherz Krimi Klassiker 1004.
Anthony Berkeley: Der Fall mit den Pralinen (früher: Die vergifteten Pralinen). detebe 21639.
Nicholas Blake: Mein Verbrechen (früher: Das Biest). detebe 22931.
Francis Iles: Vor der Tat. Heyne Crime Classics 1445.
Georges Simenon: Maigret und die alte Dame. detebe 20503.

Typ IV – *Der harte Einzelkämpfer*
Dashiell Hammett: Der Malteser Falke. detebe 20131.
Raymond Chandler: Der große Schlaf. detebe 20132.
Raymond Chandler: Die Tote im See (früher: Einer weiß mehr). detebe 20311.

Typ V – *Psychologische, moralische oder soziale Ausweitung*
Patricia Highsmith: Zwei Fremde im Zug (früher: Alibi für zwei). detebe 20173.

Nicolas Freeling: Van der Valk und der Schmuggler (zuletzt bei Goldmann).

Friedrich Dürrenmatt: Der Richter und sein Henker. rororo 10150.

Harry Kemelman: Am Freitag schlief der Rabbi lang. rororo 42090.

Sjöwall/Wahlöö: Der Mann auf dem Balkon. rororo thriller 42186.

– ky: Ein Toter führt Regie. rororo thriller 42312.

C. Arbeitsthemen

Zeichenerklärung:
t = auf die Texte dieses Theoriebändchens bezogen
w = weiterführend zu Lektüre und Betrachtung von Filmen/Serien

1. Handlungsführung

1.1. t Welche Rätsel bringt der Fall mit sich? – Poe [1]

1.2. t Stellen Sie einige Grundregeln für die Konstruktion eines Falls zusammen. – Wölcken [5], Van Dine [13], Chandler [14]

1.3. t Welche Funktion erfüllt die Leiche? – Žmegač [12], Van Dine [13], Seeberger [19], Škreb [22]

1.4. t Erarbeiten Sie Grundbegriffe und Formeln zur Beschreibung der Handlungsführung. – Bloch [2], Marsch [3], Auden [4], Wölcken [5], Sayers [10] [11], Van Dine [13], Symons [16], Schiller [17], Škreb [22]

1.5. t Wie wird der Begriff ›Peripetie‹ für den Kriminalroman inhaltlich gefüllt? – Auden [4], Sayers [10]

1.6. w Stellen Sie nach Marsch [3] fest, wo der ›Fall‹ im Verhältnis zum Erzähleinsatz steht.

1.7. w Mit welchen erzähltechnischen Mitteln wird die Vorgeschichte geboten? Von Interesse sind hier auch Gattungsvorläufer, z. B.: E. T. A. Hoffmann: Das Fräulein von Scuderi (Reclams UB 25), Robert Louis Stevenson: Dr. Jekyll und Mr. Hyde (Reclams UB 6649).

1.8. w Erarbeiten Sie die tatsächliche Chronologie der Ereignisse.

1.9. w Untersuchen Sie, inwiefern mehrere Fälle innerhalb einer Erzählung nur Folgefälle, also Ergänzungen zum ersten Fall sind. (Liegt umgekehrte Chronologie vor?) Z. B.: Chandler: *Die Tote im See (Einer weiß mehr)*.

1.10. w Versuchen Sie mit den aus 1.4 gewonnenen Begriffen ein Schema für die Handlungsstruktur aufzustellen.

1.11. w Achten Sie genau darauf, welche falschen Lösungswege auf Grund der vorhandenen Fakten angeboten werden.

1.12. w Analysieren Sie die Bedeutung des Vorspanns bei Kriminalfilmen/Fernsehserien im Hinblick auf den Fall und seine Lösung.

1.13. w Achten Sie darauf, wieweit der Dialog der Handlungsführung dient und wo er mit handlungsunabhängigen Momenten – etwa mit Nonsense-Einlagen, wissenschaftlicher oder politischer Diskussion (welche Bereiche?) – angereichert ist.

1.14. w Überprüfen Sie bei Fernsehserien, ob der Handlungsverlauf durchgehend rational motiviert ist oder ob Sprünge, blinde Motive, Zufälle auftauchen.

1.15. w Beschreiben Sie die Struktur von ›analytischen Dramen‹ mit den Begriffen aus 1.4. Z. B.: Sophokles: *König Ödipus* (Reclams UB 630), Heinrich von Kleist: *Der zerbochne Krug* (Reclams UB 91), Henrik Ibsen: *Gespenster* (Reclams UB 1828).

2. *Figuren*

2.1. t Wie läßt sich der Personenbestand des Kriminalromans übersichtlich ordnen? – Auden [4], Wölcken [5], Just [9], Van Dine [13], Waldmann [21]

2.2. t Was sind die wesentlichen Merkmale der Charakterisierungstechnik? – Sayers [10], Žmegač [12], Van Dine [13], Symons [16], Schiller [17], Brecht [18], Waldmann [21]

2.3. w Stellen Sie aus mehreren Romantypen/Filmen/Fernsehserien die Signale zum Erkennen des Bösen zusammen (Atmosphäre, Musik, Gesicht, Sprechweise, Gesten, Kleidung).

2.4. w Untersuchen Sie dabei, ob sich eine typologische Trennung ›Gut – Böse‹ ergibt oder ob Zweideutigkeit (Ambivalenz) vorherrscht.

2.5. w Analysieren Sie als Grundlage für die Diskussion über das Böse die Charakterisierung von Cardillac bei E. T. A. Hoffmann: *Das Fräulein von Scuderi*, Raskolnikow bei F. M. Dostojewski: *Schuld und Sühne*, und Mr. Hyde bei R. L. Stevenson: *Dr. Jekyll und Mr. Hyde*.

2.6. w Untersuchen Sie Dashiell Hammetts Porträtkunst bei Nebenfiguren und vergleichen Sie damit die Darstellung von Nebenfiguren im Lektürevorschlag (III B) Typ II.

3. *Topographie*

3.1. t Welcher Zusammenhang besteht zwischen Tatort und Tat? – Heißenbüttel [7]

3.2. t Untersuchen Sie in Benjamins Interieurbeschreibung [6] a) die Darstellung der Dinge, b) die Darstellung der Menschen; versuchen Sie c) den vom Autor angedeuteten Bezug zwischen beiden auszudrücken.

3.3. w Gelingt es in der ARD-Reihe *Tatort*, die lokale Einfärbung zwingend mit der Konstruktion des Falls zu verbinden?

3.4. w Erfassen Sie Georges Simenons bevorzugte Topographie und versuchen Sie, Rückschlüsse auf die Erzählperspektive zu ziehen.

4. *Erzählperspektive*

4.1. t Welche Methoden benützt der ›allwissende‹ Autor, um dem Leser die Lösung des Falls überzeugend zu vermitteln? – Just [9], Sayers [11], Van Dine [13]

4.2. t Vergleichen Sie die Teilnahme- und Identifikationsmöglichkeiten für den Leser nach Chandler [14] und Waldmann [21].

4.3. w Beschreiben Sie, wie bei Agatha Christie: *Alibi* und bei Nicholas Blake: *Mein Verbrechen (Das Biest)* die Perspektive für den Fall eingesetzt wird.

4.4. w Untersuchen Sie die personale Perspektive bei Georges Simenon.

4.5. w Untersuchen Sie die Verschiebung von Erzählperspektive und Identifikationspunkt in den psychologischen ›Thrillern‹ von Patricia Highsmith (auf den Täter) und in den ›schwarzen Romanen‹ in der Schule von Boileau/Narcejac (auf das Opfer).

4.6. w Sammeln Sie Beispiele für (unmotivierte) Perspektivewechsel in Groschen-Krimis, aber auch bei Dürrenmatt: *Der Richter und sein Henker.*

5. *Detektiv*

5.1. t Stellen Sie in einer Wortfelduntersuchung die Eigenschaften und Fähigkeiten von Poes ›Analytiker‹ [8] zusammen und achten Sie dabei auf mitgegebene Kontraste.

5.2. t Beschreiben Sie Arbeitsweisen des Detektivs: a) seine Mittel der Aufdeckung, b) seine Berufsauffassung. – Heißenbüttel [7], Poe [8], Van Dine [13], Chandler [14], Nusser [15], Waldmann [21], Škreb [22]

5.3. w Vergleichen Sie die Charakterisierung und die Arbeitsweise des Detektivs/Kommissars aus den Romantypen II, IV, V.

5.4. w Vergleichen Sie die Charakterisierung und die Arbeitsweise der ›großen Detektive‹ in Urs Widmers Kriminalstück *Die lange Nacht der Detektive.*

5.5. w Werten Sie den Serien-Vorspann für die Charakterisierung des Detektivs (Helden) aus.

6. *Weltanschauung*

6.1. t Was sind die geistesgeschichtlichen und weltanschaulichen Grundlagen des im Kriminalroman praktizierten Denkens? – Van Dine [13], Brecht [18], Günther [20], Škreb [22]

6.2. t Stellen Sie zum Vergleich fest, wo Poes ›Analytiker‹ [8] über ein rein rechnerisches Verfahren hinausgeht.

6.3. w Der Begriff ›Positivismus‹ kann ausgehend von Sherlock Holmes' Vorführung seiner Kombinationskunst erschlossen werden. Z. B.: *Im Zeichen der Vier*, Eingangskapitel.

6.4. w Tragen Sie aus Dürrenmatts Kriminalromanen anti-ra-
tionale Elemente zusammen: a) in Kommissar Bärlachs Arbeitsweise, b) in der Weltanschauung von Bärlachs Kontra-
henten, c) in der Handlungsführung (Rolle des Zufalls).
6.5. w Versuchen Sie im Hinblick auf Denken und Lösung
eine Abgrenzung zwischen Kriminalroman und Werken
der modernen Literatur zu treffen, die den Leser in eine detektivähnliche Situation bringen oder eine detektivähnliche
Hauptfigur haben. Z. B.: Franz Kafka: *Der Prozeß*, William
Faulkner: *Freistatt (Sanctuary)*, Samuel Beckett: *Molloy*,
Uwe Johnson: *Mutmaßungen über Jacob*, Michel Butor:
Der Zeitplan, Alain Robbe-Grillet: *Der Augenzeuge*.

7. Gesellschaft

7.1. t Wie wird im Kriminalroman Gesellschaft dargestellt? –
Benjamin [6], Heißenbüttel [7], Chandler [14], Nusser
[15], Günther [20], Waldmann [21]
7.2. t Ist der Kriminalroman realistisch? – Van Dine [13],
Chandler [14], Škreb [22]
7.3. t Welche Normen und Werte verkörpert der Detektiv? –
Chandler [14], Nusser [15], Waldmann [21]
7.4. t Welche Normen und Werte werden durch das Verbrechen verletzt? – Žmegač [12], Van Dine [13], Chandler
[14], Seeberger [19], Waldmann [21]
7.5. w Untersuchen Sie in verschiedenen Romantypen/Fil-
men/Fernsehserien, welche gesellschaftlichen Schichten
dargestellt werden und welches Verhältnis der Detektiv zu
ihnen hat.
7.6. w Stellen Sie fest, wieweit der Detektiv als gesellschaft-
lich bedingt gezeigt wird (Schichtzugehörigkeit, an der
Kleidung abzulesendes Image, Sprachgewohnheiten, Le-
bensgewohnheiten, Bindung an Helfer).
7.7. w Achten Sie demgegenüber darauf, wo er in seiner Un-be-
dingtheit – absolut – gezeigt wird (Ratio, Geldmittel, Kör-
perkraft und -beherrschung, Allgegenwart, Privilegien etc.).
7.8. w Erfassen Sie aus verschiedenen Romantypen /Filmen/
Fernsehserien die Motive des Verbrechens (Geldgier, Eifer-

sucht, Prestige etc.). Vergleichen Sie dazu 2.5. Untersuchen Sie, ob die individualpsychologische Begründung des Verbrechens Raum läßt für eine Durchleuchtung der gesellschaftlichen Bedingtheit.

7.9. w   In welcher Weise und in welchem Bezug zur Gesellschaft taucht der Gesichtspunkt der Strafe auf (Täter wird selbst Opfer, begeht Selbstmord)? Z. B. Chandler: *Die Tote im See (Einer weiß mehr)*.

7.10. w   Wie ist die Zeichnung der Polizei als offizieller Vertreter der Gerechtigkeit, wie ist ihr Verhältnis zum Detektiv (unerschöpflicher Apparat, Handlanger oder gar Gegner)?

7.11. w   Analysieren Sie bei Chandler: *Die Tote im See (Einer weiß mehr)* die differenzierte Darstellung der Polizei (von Sheriff Patton bis zum Polizisten Degarmo).

7.12. w   Erscheint der Gesetzesbrecher auch als gesellschaftlicher Außenseiter?

8. *Leserbedürfnisse*

8.1. t   Welche positiven und negativen Kriterien gibt Schiller [17] zur Bewertung von Romanen, »welche den besten Schatz der Lesebibliotheken ausmachen«?

8.2. t   Erfassen und vergleichen Sie die Grundlagen der beiden kritischen Ansätze von Günther [20] und Waldmann [21].

8.3. t   Worin besteht das Vergnügen beim Lesen von Kriminalromanen? – Žmegač [12], Van Dine [13], Schiller [17], Brecht [18], Škreb [22]

8.4. t   Kann man für die Popularität des Kriminalromans auch irrationale Motive ansetzen? – Seeberger [19], Waldmann [21]

8.5. w   Welchen Einstieg zur Identifikation bietet die Hauptfigur; welchen Wunschphantasien, welchen Gewohnheiten des Lesers/Betrachters kommt sie entgegen?

8.6. w   Führen Sie (in Gruppen) Umfragen durch, mit denen (bestimmte Arten von) Krimileser(n) erfaßt werden. Welche Lesegewohnheiten und Erwartungen verbinden sich mit der Lektüre?

8.7. w   Führen Sie Umfragen durch, mit denen Zu- und Abneigung gegenüber bestimmten Fernsehkrimiserien erfaßt werden.

9. *Produktion*

9.1. t   Stellen Sie in einer Übersicht zusammen, auf welche Bereiche der vom Kunden bezahlte Preis für einen ›Taschenbuch-Krimi‹ verteilt werden muß. – Zaunitzer-Haase [23]

9.2. t   Untersuchen Sie die Eigengesetze und Zwänge der Verlagsproduktion sowie deren Auswirkungen auf Autoren, Inhalte und Lesepublikum.

9.3. w   Wer beeinflußt wen – die Verlagsproduktion die Lesebedürfnisse und -gewohnheiten oder die Lesegewohnheiten die Verlagsproduktion?

9.4. w   Versuchen Sie anhand von Verlagsprospekten die Schwerpunkte der neuesten Jahresproduktion auf dem Gebiet des Kriminalromans zu erfassen.

IV. Literaturhinweise

1. Quellen

Wystan Hugh Auden [4]: Das verbrecherische Pfarrhaus (The Guilty Vicarage). In: W. H. A., Des Färbers Hand und andere Essays (The Dyer's Hand and other Essays, 1962). Gütersloh: S. Mohn 1965. S. 180–195. – Ausschnitt S. 180 f.

Walter Benjamin [6]: Hochherrschaftlich möblierte Zehnzimmerwohnung. In: W. B., Einbahnstraße. Frankfurt a. M.: Suhrkamp 1955. (Bibliothek Suhrkamp 27.) S. 13–15.

Ernst Bloch [2]: Philosophische Ansicht des Detektivromans. In: E. B., Literarische Aufsätze. Gesamtausgabe Bd. 9. Frankfurt a. M.: Suhrkamp 1965. S. 242–263. – Ausschnitte S. 247, 254 f.

Bertolt Brecht [18]: Über die Popularität des Kriminalromans. In: B. B., Gesammelte Werke, Bd. 19. (Schriften zur Literatur und Kunst 2.) Frankfurt a. M.: Suhrkamp 1969. (Werkausgabe edition suhrkamp.) S. 450–457. – Ausschnitt S. 453–457.

Raymond Chandler [14]: Mord ist keine Kunst (The Simple Art of Murder, 1944). In: R. Ch., Spanisches Blut. Kriminalstories. Frankfurt a. M. u. Berlin: Ullstein 1969. (Ullstein Buch 790.) S. 154–173. – Ausschnitte S. 162 f., 168 f., 171–173.

S. S. Van Dine (Willard Huntington Wright) [13]: Zwanzig Regeln für das Schreiben von Detektivgeschichten (Twenty Rules for Writing Detective Stories, 1946). In: Vogt I, S. 143–147.

Helmut Günther [20]: Der Kriminalroman und die Zivilisation. In: Das literarische Echo (Die Literatur) 43 (1941) S. 489–493. – Ausschnitt S. 491.

Helmut Heißenbüttel [7]: Spielregeln des Kriminalromans. In: H. H., Über Literatur. München: dtv sr 84. S. 90–104. – Ausschnitt S. 97.

Klaus Günter Just [9]: Edgar Allan Poe und die Folgen. In: K. G. J., Übergänge. Probleme und Gestalten der Literatur. Bern u. München: Francke 1966. S. 58–78. – Ausschnitt S. 68 f.

Edgar Marsch [3]: Die Kriminalerzählung. Theorie, Geschichte, Analyse. München: Winkler 1972. (Winkler Germanistik, Modelle und Methoden.) – Ausschnitt S. 82 f.

Peter Nusser [15]: Aufklärung durch den Kriminalroman. In: Neue deutsche Hefte 18 (1971) H. 3. S. 70–90. – Ausschnitt S. 86 f.

Edgar Allan Poe [1, 8]: Die Morde in der Rue Morgue. Übersetzt von Hans Wollschläger. In: E. A. P., Werke. Übersetzt von Arno Schmidt u. Hans Wollschläger. Hrsg. von Kuno Schuhmann u. Hans Dieter Müller. Bd. 1. Olten u. Freiburg i. Br.: Walter 1966. S. 723–777. – Ausschnitte S. 735–737, 723–728.

Dorothy Leigh Sayers [10, 11]: Aristoteles über Detektivliteratur (Aristotle on Detective Fiction). Vortrag in Oxford am 5. März 1935. In: Vogt I, S. 123–138. – Ausschnitte S. 130 f., 133–135.

Friedrich Schiller [17]: Vorrede zu dem ersten Teile der merkwürdigen Rechtsfälle nach Pitaval. In: F. Sch., Sämtliche Werke. Hrsg. von Gerhard Fricke und Herbert G. Göpfert. Bd. V. München: Hanser ²1960. S. 864–866.

Kurt Seeberger [19]: Das Todesrätsel im Kriminalroman. In: Welt und Wort 16 (1961) S. 208 f. – Ausschnitt S. 208.

Zdenko Škreb [22]: Die neue Gattung. Zur Geschichte und Poetik des Detektivromans. In: Žmegač, S. 35–95. – Ausschnitt S. 80 f.

Julian Symons [16]: Am Anfang war der Mord (Bloody Murder, 1972). Eine Geschichte des Kriminalromans. Eher amüsant als akademisch. Ins Deutsche übertragen von Friedrich A. Hofschuster. München: Goldmann 1972. – Ausschnitt S. 168–170. © Julian Symons 1972. Deutsche Rechte: Goldmann Verlag, München.

Günter Waldmann [21]: Kriminalroman – Anti-Kriminalroman. Dürrenmatts Requiem auf den Kriminalroman und die Anti-Aufklärung. In: Vogt I, S. 206–227. – Ausschnitte S. 209 f.

Fritz Wölcken [5]: Der literarische Mord. Eine Untersuchung über die englische und amerikanische Detektivliteratur. Nürnberg: Nest 1953. S. 194 f.

Ingeborg Zaunitzer-Haase [23]: Blut und Leichen zu kleinen Preisen. Das harte Geschäft mit dem Kriminalroman. In: Die Zeit, 15. Oktober 1971 (Nr. 42) S. 39 f.

Viktor Žmegač [12]: Aspekte des Detektivromans. In: Žmegač, S. 9–34. – Ausschnitt S. 20.

2. Aufsatzsammlungen

Howard Haycraft: The Art of the Mystery Story. New York 1946. Ppck. bei Grosset und Dunlap. (Grundlegende Bestandsaufnahme mit über 50 Beiträgen namhafter Kriminalromanautoren und Kritiker von Gilbert Keith Chesterton bis Anthony Boucher.)

Jochen Vogt (Hrsg.): Der Kriminalroman I und II. Zur Theorie und Geschichte einer Gattung. München: Fink 1971. (UTB 81 u. 82.) Aufsätze von R. Alewyn, H. Altenhein, K. Anders, G. Bien,

W. Blair, E. Bloch, P. Boileau u. Th. Narcejac, B. Brecht, H. Ch. Buch, R. Chandler, G. K. Chesterton, H. Daiber, E. Dingeldey, U. Eco, O. Eckert, P. Fischer, R. Gerber, W. Haas, H. Heißenbüttel, F. Hrastnik, K. G. Just, E. Kaemmel, S. Kracauer, K. Kunkel, D. Naumann, H. Proll, I. I. Revzin, R. Röder, J. Roudaut, D. Sayers, V. Schklovskij, M. Smuda, U. Suerbaum, E. Thier, S. S. Van Dine, H. Vormweg, G. Waldmann.

Jochen Vogt (Hrsg.): Der Kriminalroman. Poetik. Theorie. Geschichte, München 1998.

Viktor Žmegač (Hrsg.): Der wohltemperierte Mord. Zur Theorie und Geschichte des Detektivromans. Frankfurt a. M.: Athenäum 1971. (Schwerpunkt Germanistik 4.)

Aufsätze von W. H. Auden, R. Alewyn, E. Bloch, B. Brecht, P. Fischer, H. Heißenbüttel, E. Kaemmel, D. Naumann, G. Schmidt-Henkel, Z. Škreb, U. Suerbaum, E. Wilson, V. Žmegač.

3. Weitere Veröffentlichungen

a. zur Theorie

Pierre Boileau u. Thomas Narcejac: Der Detektivroman. Mit Anmerkungen und einer Bibliographie von W. Promies. Neuwied u. Berlin 1967.

Paul G. Buchloh u. Jens P. Becker: Der Detektivroman. Studien zur Geschichte und Form der englischen und amerikanischen Detektivliteratur. Darmstadt 1973. (Mit ausführlicher Bibliographie.)

Siegfried Kracauer: Der Detektiv-Roman. Ein philosophisches Traktat. In: S. K., Schriften I. Frankfurt a. M. 1971. S. 104–204.

Frank MacShane: Raymond Chandler. Eine Biographie. Übers. von Christa Hotz, Alfred Probst u. Wulf Teichmann. Zürich 1984. (detebe 20960.)

Dietrich Naumann: Der Kriminalroman. Ein Literaturbericht. In: Der Deutschunterricht, Beilage zu 19 (1967) H. 1.

Claus Reinert: Das Unheimliche und die Detektivliteratur. Bonn 1973. (Das Buch ist wenig brauchbar zur Bewertung der Hauptmasse der Kriminalliteratur; nach Reinert werden die bei E. T. A. Hoffmann vorfindlichen romantischen Ursprünge schon bei Poe und allen Nachfolgern nur noch trivialisiert.)

Rainer Schönhaar: Novelle und Kriminalschema. Ein Strukturmodell deutscher Erzählkunst um 1800. Bad Homburg, Berlin u. Zürich 1969. (Mit Bibliographie.)

Ulrich Schulz-Buschhaus: Formen und Ideologien des Kriminalromans. Frankfurt a. M. 1975. (Schwerpunkte Romanistik 14.) (Untersuchungen zur Gattungsgsgeschichte bei Poe, Collins, Gaboriau, Doyle, Leblanc, Allain/Souvestre, Leroux, Sayers, Hammett, Chandler, Simenon, Boileau/Narcejac, Sciascia; mit Auswahlbibliographie.)

Ulrich Suerbaum: Krimi. Eine Analyse der Gattung. Stuttgart 1984.

Dieter Wellershoff: Vorübergehende Entwirklichung. Zur Theorie des Kriminalromans. In: Literatur und Lustprinzip, Essays. Köln 1973. S. 77–138.

b. zum Unterricht

Günter Bien: Detektivromane im Unterricht. In: Der Deutschunterricht 20 (1968) H. 1, S. 98–106.

Erika Dingeldey: Erkenntnis über Vergnügen? Vorwiegend didaktische Überlegungen zum Kriminalroman im Unterricht. In: Diskussion Deutsch, Heft 9 (1972) S. 266–274.

– Der Kriminalroman im Deutschunterricht. In: Heinz Ide (Hrsg.), Projekt Deutschunterricht 5: Massenmedien und Trivialliteratur. Stuttgart 1973. S. 157–176 u. S. 138*–158*.

Wolfgang Gast: Zum politischen Wirkungspotential der Fernseh'-unterhaltung. Probleme der Aussagenanalyse von Unterhaltungsserien am Beispiel der Serie »Der Kommissar«. In: Diskussion Deutsch, Heft 14 (1973) S. 301–319.

Rudolf Geppert u. Klaus Ruß: Krimis im Deutschunterricht. Literaturperspektiven der Kollegstufe. Frankfurt a. M. 1975.

c. Nachschlagewerke

Jacques Barzun u. Wendell Hertig Taylor: A Catalogue of Crime. New York, Evanston, San Francisco u. London 1971. (Das Werk gibt kritische Kurzfassungen wesentlicher angelsächsischer Primär- und Sekundärliteratur.)

Ordean A. Hagen: Who done it? A Guide to Detective, Mystery and Suspense Fiction. New York u. London 1969. (Enzyklopädisches Sammelwerk über Autoren, Titel, Romanfiguren, Verfilmungen, Auszeichnungen usw.)

Howard Haycraft: Murder for Pleasure. The Life and Times of the Detective Story. New York 1941. Neudruck New York: Biblo und Tannen 1968. (Darin eine Liste der Bücher, die als ›cornerstones‹ eine Krimi-Klassikerbibliothek bilden könnten.)

Reclams Kriminalromanführer. Hrsg. von Armin Arnold u. Josef Schmidt. Stuttgart 1978.